以哲學思維
來了解世界

邵真———著

前言
《高處不勝寒》 邵真

　　越思考，發現的越多。本來想講講自家的事。怕惹出事來就從哲學的角度來講，講成學術性的，但思考到後來，開這些問題的鑰匙都在西方哲學裡。西方哲學有精華，糟粕也不少。

　　畢竟哲學與政治，打斷骨頭連著筋，誰知道那根紅線在哪，無日不聽到「小道新聞」，說誰直言了幾句，就被「請」了進去，問題在哪，自己心裡也沒底。哪天，哪裡踩著了老虎尾巴，把我連皮帶骨頭一起吃了。

　　一位著名哲學家羅蒂說「哲學裡的油已被榨乾」，這不符合「討論、討論、再討論，討論充分時真理出」的原則。

　　我們的許多哲學理論、思想思潮就是認為「榨不出油」才犯了錯。我發現哲學遠遠還沒榨乾，不僅沒榨乾，而且榨出來的不是油，而是水。因為還沒感到「榨油」的工具有錯，怪不得，有人大叫「哲學死了！」

　　其實，哲學走進了奧古斯特・孔德所說的形而上學階段，語言成了人類的禍——語言有語害、概念有陷阱。加上人這一

物種的「誠與詐」，假貨滿天飛。這假貨不但出現在經濟上、生活用品上，更出現在政治上，尤其是權力販賣的假貨。

其中，索忍尼辛把它說得最精彩——

「我們知道他們在說謊，他們也知道他們在說謊；他們知道我們知道他們在說謊，我們也知道他們知道我們知道他們在說謊，但是他們依然在說謊。」

因此，思索到後來，我們就會明白——

1・人類這一物種有其物性，像社會的產生、權力的產生、國家的產生，都是出於人類這一物種的物性所引起的。

2・有位法國哲人叫勒龐，他認為人類的時代是群體時代，而這群體叫「烏合之眾」。而且這群烏合之眾是被各自的主人趕進各自牧場的柵欄裡。

3・任何東西，那怕是一個真理，到了人的手裡，都可用好用壞，就像一把菜刀，可以切菜、也可殺人。

4・於是，一件好好的事情，可摻和著壞壞的勾當。如治安：正兒八經的管理社會秩序、管控刑事犯罪叫治安，於是這治安還混雜入維穩（編按・維護國家安全、穩定社會秩序）、鎮壓人民人權的勾當；不准言論自由、不准集會、不准遊行、不准貼大字報、控制出版、控制媒體也叫治安。這只是用治安這個說法（概念）罷了。再譬如，改革開放……平反……（見

《喪事辦成喜事》篇）；一個好端端的理，還可以做偷雞摸狗的理由。這一切決定心中有沒有心鬼，也就是看人、權力的「誠與詐」。（見《頂峰上的哲思》篇）。

5・歸根結底是「語言是人類的福、也是人類的禍」；哲學家弗雷格指出「語言有語害、概念有陷阱」；分析哲學提出來「所指什麼」，也就是弗雷格他們提出來的「絕對對應物」問題。（見《論概念》、《應然與實然》、《內涵與外涎的哲學盲區》等篇）。

6・我們嘴上說的是唯物主義，事實幹的是唯心主義。這個世界橫行著自以為是的主觀，而不是客觀。

7・我們的智力有問題：說不清公平公正，不等於說不清楚現實中的那些非常不公平、不公正的事實；說不清自由，不等於說不清現實裡的極權幹的那些「冤案、迫害、殺人」的殘害自由民主的事實。

8・歷史文明不起來的根源在權力──「權力文明，國家文明，國家文明、世界文明」。（見《問題只在權力觀改變》篇）。

9・人走向「應然」，人心存著「一份明白」。

10・人類的「打假運動」，任重而道遠。

11・討論、討論、再討論，討論充分時，真理真相自會來到人們的心裡；這也說明言論自由是多麼的重要。

12・真理、文明是從錯誤的路上走過來的，也即從錯誤的事實中，改正過來的。

　　中國這塊土地是集封建人性之大成者，封建是中國人最大的人性，中國從大秦開始砌起了封建大廈的第一塊磚，大明砌完了最後一塊磚，這兩處是封建大廈最為鼎峰造極，如今這塊土地又加了一層又一層的違章建築……

　　所以，封建極權的垃圾越多，可思考的反面教材越多。

目錄

Part 1 | 本體論的意義——
唯心與唯物之爭

本體論的意義 —— 唯心與唯物之爭

在《探根尋源》（俞宣孟、何錫蓉主編）這本書裡是這樣理解本體論的：「本體論的核心是形而上學，西方形而上學的核心形式表達為一個純粹思辯的概念體系，稱為本體論。……這是第一個特點。本體論的第二個特點是對邏輯的運用。……本體論哲學的第三個特點是與經驗世界脫離、純粹是概念領域的。……」「形而上學的核心形式表達為一個純粹思辯的概念體系」，這話說得很對，很有見解。而把本體論稱為形而上學，把形而上學稱為本體論的核心、特點。這說法就有些信口開河了。

我們用語言來表達事物都屬於純粹思辯的概念體系，這是人類用語言來表達任何事物的屬性，不能說本體論屬於純粹的概念體系，我們不能論成因為「形而上學的核心形式表達為一個純粹思辯的概念體系」，就說成本體論的核心是形而上學。這邏輯不符規格，這是受了西方的本體論的影響，特別是受了海德格（1889～1976）的影響，海德格用西方語言裡的「是與所是」來論本體論，於是俞先生把本體論當作了「純粹思辯的概念體系」，恰恰「形而上學的核心形式只能算純粹思辯的概念

體系」，就把本體論的核心說成形而上學。本體論的核心恰恰相反，本體論是門科學，就像宇宙論是一門科學，犯這種錯誤，我不知道說什麼好，只能說俞先生沒花很多功夫去研究本體論就信口開河了。這是在糟蹋西方、這是在糟蹋本體論。西方的本體論也真不爭氣，一頭載進了「是與所是」的研究中，貶低了本體論的價值。這會讓人聯想到，本體論的價值只不過是純粹的概念，只不過是西方語言裡的「是與所是」。西方這樣的解說本體論也有點一廂情願，要表達本體論，辦法有的是……

　　人的認識離不開形而上學，即歸納法，人用文字表達事物就是濃縮法，但人不一定歸納得對，甚至那些「歸納」是存心歸納錯的，有心鬼、有居心，屬於劣質的形而上學。俞先生這樣表達形而上學，還真把形而上學歸納到了家。本體論就是要揭穿形而上學中的似是而非那部分，這真是本體論的核心。本體論強調的是需要正確地運用形而上學、正確的運用邏輯。西方哲學把它放到概念領域裡去研究，這不假。但俞先生像這樣信口開河地說本體論，也太不動腦子研究本體論了。

　　特別要對俞宣孟先生的本體論第三個特點提出異議，在第三個特點裡，俞宣孟先生說本體論是和經驗世界脫節的，純粹是概念領域。恰恰相反，本體論，論的是本體存在，是科學，也是科學能求證的。脫節經驗世界的說法還馬馬虎虎說得過去，但說本體論是概念領域就通不過了。這是不懂本體論所致，這是不懂科學所致，這是否認有本體存在的言論，他連根本的存在都否認掉了，還怎麼談談接下來的什麼一連串的科學見解呢？如：物質決定意識還是意識決定物質；物質是不依意

識為移移的；主觀要符合客觀（客體）……連俞先生都會這樣，我發現我們國家的哲人對本體論的瞭解近乎無知。

本體世界是本體世界，經驗世界是經驗世界，要理解本體存在，需得經驗的總和，可以這麼說，經驗世界便是我們面前呈現的這個世界，眾所周知，這個世界和那個世界不是完全「脫節的」，更不是純粹概念領域的。這個世界是那個世界的人的成品，成品就要有樣品，講樣品，這就是本體論，怎麼會脫節？柏拉圖的理念世界才是概念領域的，但他強詞了概念的本體意義，即理念的上帝性存在、即本體論的核心價值。經驗是這個世界裡的東西，是這個世界裡的實在（胡適語），這實在是人的俗品。

「本體論」原先叫「論自然」，有很多人認為本體論與形而上學是對立的，「本體的存在」這五個字。我表達本體論：「本體存在、上帝的存在是是，我們的只能是『是』」。

這個表達有以下的優點：

1‧是，不打引號，有「真正的」、真本、樣品、本體的意思。
2‧「是」，帶了引號，我在論本體論的文章裡有張圖表（P.73）已註解了帶了引號是指主觀唯心的屬性。這「是」為什麼要帶引號？既使符合客觀，既使正確，也是主觀屬性的。
3‧道義也有本體存在，即笛卡兒所說的上帝性質的存

在。也就是說我們的道理、觀點、認知、理解、解釋……都有本體的存在，也就是不帶引號的是——本體的見解、上帝性質的見解。既使我們的道理、觀點、認知、理解、解釋……再正確，也只是個「是」，而不是那個上帝的是。時時告誡我們不要過於自以為是，更不能出於有欲（老子語）的「自以為是」。這才是本體論的核心（意義）。

4・人必須「討論、討論、再討論」，討論充分時，「是」出。出的是「是」，而不是是。

我們不但理解錯了本體論，而且錯得十分離奇，這樣就無法揭示本體論的核心價值。本體世界是存在的（俞先生連這個都不承認，只認為本體論只是概念的存在），本體存在不是我們人想像出來的，它是物質的，不以人的意識為轉移，但實然中人出了狀況，是人的自以為是把自己的見解當作了上帝的存在（見《應然與實然》一文中的開頭那首詩）。把自己的認為當作上帝性質的存在，恃這個觀點的派叫作唯物論；唯物論只承認一個世界，就是我們面前呈現的世界，承認它是本體存在這是出錯的起點，唯物論自信自己的見解如同物質一樣可靠。

這裡面有兩個錯誤：一個錯誤、把這個唯心的世界認為是本體的存在；另一個錯誤、把自己的認定為本體的物質存在。認為那個世界，（即本體世界）是想像出來的（？）（俞先生也錯在這點上）被稱作唯心論者認為必須有這個世界、那個世界之分才說得清楚問題。

　　唯物論搞不懂為什麼要分這個世界、那個世界，因為它以為呈現的只有一個世界，它把這個世界當成本體世界，這裡面錯進錯出，於是把自己說成唯物主義，是客觀正確的。把另一派認為這呈現一個的這個世界當唯心的是錯誤的，並叫作唯心主義。其實，唯心論的見解──「這個呈現的世界是屬於唯心性質的」是正解的。為什麼要分這個世界那個世界？以及為什麼那個世界是本體世界，而這個世界是人的屬性世界？這本體論彰顯了我們做哲學學問的人沒有科學的精密思考，這本體論蘊藏著一個偉大的意義──本體論的核心。其次本體存在關係到唯物唯心論的界定。

　　「真理是本體的存在，不是你我他說了算。」──這才是本體論的核心意義（見前頁四項說明）。因為人有許多認知、許多理論，你爭我搶誰的是真理。首先，我們要意識到，這些認知、理論都是唯我唯心的，既使十分正確，也是「是」，唯我論就是我們常說的唯心論，認識到這一點，不易藏著心鬼、掖著居心，特別是那些歪理。是唯物論還是唯心論，是「是」還是「不是」除了上面的鑑定外，還要看平時的經常表現──看誰更自以為是、誰更唯我獨尊，把自己的唯我觀點當物質（當本體論的存在，所謂的客觀）的一方，才是唯心論。

　　儘管本體論要講形而上學、邏輯方法，但不等於就是形而上學、邏輯學。這原因在，什麼好東西，到了人手裡就使壞了。優質的形而上學變成了劣質的形而上學、邏輯變成了不是

邏輯。本體論說的是本體不本體的存在；形而上學、邏輯是方法問題，這漿糊的居心何在？形而上學不分優質和劣質、邏輯不分優質和劣質居心何在？說成是本休論的核心居心何在？這僅僅是不懂本體論的核心價值嗎？

至於本體論有三個特點（形而上學、邏輯、概念體系）說旁了，這三個只是哲學裡的方法問題，只能說這三個問題與本體論有這樣那樣的關係，這三個部分不是用來說清本體論的，用西方語言特有的「是與所是」論來說清「本體論」也荒謬，因為本體的存在不屬於概念領域，本體存在是科學的存在。我們知道概念是什麼東西，本身就沒資格代表本體。

本體論既使可借「是與所是」說清楚，但不能證明本體存在和本體論的核心意義就在是概念領域裡的問題，更不能證明這是唯一能說清楚「本體論」的辦法。

本體存在的科學性要用科學來證明，大家看看這個實證是不是科學的。

即所有的動物都呈現了本體世界，這證明了本體的存在；其次，誰能說所有的動物呈現的存在（實在）都是一樣的呢？這裡既有大小的不同又有顏色的不同，既有內容的不同又有質料的不同，人的呈現只代表人的，更不要說人的那些五花八門的見解代表了全體動物的。

這說明本體的存在不能以誰為準，倒不在意本體存在究竟有沒有準頭。而是，這實證是科學的，本體存在物是有一定形狀和大小，但以哪個動物的呈現為準呢？我是說本體存在不能以人呈現的實在為準！這個科學道理不懂嗎？本體存在是實存

若無、寄主呈現的。

由於我們不懂本體論、由於我們領會不到本體論的核心，倒是我們人衍生出來的許多「產品」、見解、理論、主義給我們惹出很大的麻煩。

唯心主義與唯物主義的爭論將永遠困擾著人類，為什麼爭論會沒完沒了？本體存在自己不會說話、不會表態、實存若無、寄主呈現，它得借其他的生物才能呈現（可能植物也能感覺得到），為什麼「實存若無、寄主呈現」不能是科學現象？因為不會自顯，所以靠人自己說是說不清的，語言像水一樣，是人的福又是人的禍。通過磨嘴皮子、嚼舌頭、玩概念，是「無法判定」誰正確誰錯誤。特別是政治。

唯物、唯心本是哲學裡的問題，結果許多不成熟的見解被政治拿去當招牌互相打鬥起來，第一塊牌子就是「唯物」與「唯心」，還拿錯了招牌，拿錯了招牌去搶權，搶了權之後用權來爭論，罪惡就像滾雪球那樣越滾越大。

人這一物種，最容易以詐亂誠、以假充真，這裡，人的語言、概念起的「功勞」可不小。

上帝說：人類的智力真可憐。

人類的智力經常會在空中盪鞦韆。

Part 2 | 馮友蘭的哲學很牛嗎？

馮友蘭的哲學很牛嗎？

　　馮友蘭的哲學「跳槽」始終是個謎，很多與他相熟的學者證明他是真心背叛了他以前潛心研究的哲學，如果他的背叛是真心的，那就是馬克思的哲學是真理，馬克思主義講得對，牛的是馬克思主義，而不是他以前潛心研究的哲學，那他以前信奉的哲學還牛嗎？那等於承認他以前的哲學很爛、很膚淺，欺世盜名，貢獻是負數。哲學講的是正確與否，講的是否深刻，這就是牛的意思。如果說他的背叛是假的，他以前的哲學很牛，但他的背叛是什麼性質？是真心的嗎？他帶著他整個哲學王國滿心歡喜地投奔毛澤東，但毛澤東不喜歡這隻雜毛狗，毛澤東喜歡另一隻純毛的哈巴狗。他的哲學到底牛不牛？就不能以他想做毛澤東的哈巴狗來判斷。像馮友蘭晚節不保是常有的事，但背叛自己信奉了一生的哲學則不多見。

　　金庸先生是個寫武俠小說的大家，不是個聖人，這些小說的思想境界決定了他的為人。他在人生的晚年也摔了一跤（編按‧1999 年金庸任浙大文學院院長參加一場「新聞機制改革與經營管理」的研討會，他說：「解放軍負責保衛國家人民，我們新聞工作者的首要任務，同解放軍一樣……」這話只有阿

諛奉承當權者的諂媚姿態，完全違背了新聞獨立與言論自由的立場了）。

馮友蘭先生是個哲學大家，在晚年也摔了一跤，他是搞哲學的，哲學可以健康一個人的思路、等於一盞燈，看清道路的。既然看清了道路還會摔跤，肯定是被「什麼」跘的。歷史上只有叛將的，沒有叛哲學的。可見這盞燈不亮、這哲學很熊。口口聲聲以「時興的哲學」觀點來批判他以前潛心研究的哲學，這樣的背叛，更不是無緣無故的。

使他出名的是以前的哲學，並不是以後的哲學，既然他以前信奉的哲學是錯的，那他還會這樣出名嗎？使他成名的是以前的哲學呢、還是以後信奉的哲學？我說他不是無緣無故的，是說他以前懂得的哲學也不牛！這只能說明他以前的哲學看上去很牛，其實並未取得正果（真諦），因為真正懂得哲學真諦的哲學家是不會摔這麼個觔斗的。

這兩個人的晚節都不保，他倆都很有才華，都名聲不保，一個談不上有哲思，一個是哲思的高手，都摔在自己擅長的路上，都算不上是取得了思想真諦之人。

何為聖人，言行由衷，人品高尚之人，思想得真諦之人。最忌諱在政治上變節。馮友蘭的變節，在權力易主之際、在淫威的面前變節，很傷一個人的骨氣。一個人的尊嚴是小，兩種

對立哲學的是非是大。他可以不管兩種哲學的是非，我們可不能不管。因為我們整個民族正缺乏哲學知識。

這兩人顯然不高尚，兩個都晚節不保，金庸情由可原，畢竟是生活上的，自家事，最多影響自己的聲譽，他本來思想境界就無從談起，只是那些凡夫俗子喜歡看他的武俠小說罷了，他的小說能與屠格涅夫的《父與子》相比嗎？

可馮友蘭先生就不同了，至今為學者們視為哲學泰斗，參與世界「哲學競技場格鬥」，有關哲學的黑白、事非，在格鬥場上是要被打倒的，輸贏有關世界的哲學思想、兩種政治的走勢。不說他代表了中國哲學水平，他的哲學思想在中國，仍至世界，都是風向標，有著政治的槓桿作用。

我認為馮友蘭先生的思想變節不是無緣無故的，這不是他的人格、素質問題，這是他的哲學根基不穩，導致定力不固所致，所以，根基不穩是因為他在幾個哲學的基本問題上沒搞懂、有錯誤，這才是我想說的。

馮友蘭的哲學真的很牛嗎？

我們來看這段文章：胡適說：「實在是個很服從的女孩子，實在是個百依百順的女孩子，她百依百順地由我們替她塗抹起來，裝扮起來。實在好比一塊大理石，到了我們手中，由我們雕成什麼樣。」（《傳播與超越》王鑑平、胡偉希著，學

林出版社 1989 年版）。於是遭到了馮友蘭的攻擊，這暴露了他哲學根基，如果懂得哲學的幾個基本問題，是不會發生「不懂的」攻擊「懂得的」。

如果胡適說的沒錯，那馮友蘭就大錯特錯了。錯誤到跳出來，用自己的錯誤來批判胡適的正確。胡適說得相當精彩，揭示了我們人類的一個真相，它豈只是個真相，這真相與本體論知識有關，講的是本體論的核心，是哲學中的第一問題。再也沒有比胡適所講的本體論更好的了。

胡適說的是，我們人經常用主觀來替代實在。打扮實在的罪魁禍首就是居心教唆下的——語言和概念。這裡就有三個哲學的基本學問，一個是本體論的核心學問，一個是概念學問，一個是唯心唯物的學問。馮友蘭居然會反對胡適的真知灼見，還說胡適是主觀唯心主義者，這充分暴露了他對哲學裡的三大基本知識的無知。

這裡要科普一下，這「實在」是我們人的世界裡的存在，與那個客體世界裡的本體存在有所不同，它是經過人的機能「加工」而呈現的，實在這個概念叫得相當正確，這個「實在」確確實實的存在在我們世界裡，「看得見、摸得著」，這些實在有如「本體存在」，有它的真本面目。這是說不管加工沒加工，實在（事實）有它的本來面目。

「我們不斷討論本體論，我們所為卻與本體論所展示的意義越來越遠，發現人類越來越打扮實在，以意識轉移物質。」

胡適這段話說得很精彩，把本體論的核心價值輕輕鬆鬆就展顯得清清楚楚、明明白白，作為「真際」、「實際」的大師馮友蘭居然會把會把胡適的「實際」（實然）話當成了胡適在說「真際」（應然）話，雖然真際實際是他提出來的，我懷疑他是否懂得這個理論，難怪他咬定胡適是「主觀唯心論」者。

他的文字表達很漂亮，他對中國古代哲學的整理方面、理解方面的貢獻也很大，但沒有獲得正果（哲學的真諦），這就是他根基不穩、定力不足的原因。

胡適說的是實然（真實情況），話加不上「要」就是實然話，是揭示真相話，且有指責我們打扮實在的意思，不是要把這實然話當作應然話。揭示的是這個世界裡在流行的真相，即上面說的人類的實然情況是我們用語言、概念隨心的打扮實在，打扮實在就是打扮事實。我們人嘴上說「物質決定意識」，「主觀要符合客觀」實際行為是「意識轉移物質」。實在這概念用得非常好，是說在這個世界裡的存在該叫「實在」，再叫「本體存在」不合適，這實在必竟與本體存在是有區別的，實在就是這個世界裡的存在，也是事實，具有本體存在的真氣神──真本的意義。

因此，本體存在和實在是不應該由我們隨心打扮的，這「心」指的就是老子說的「常有慾」──私心、居心、心鬼。胡適的話還在說：我們現在不但把自己的主觀認定的「實在」

（經語言、概念打扮後的實在）當實在，還公開的「指鹿為馬」（「實在」當實在）。那這個「實在」是怎麼造成的呢？這裡有許多哲學知識，主要是我們的心鬼+概念，說起來挺囉嗦的，我就不普及了。（見《論概念》與《應然與實然》篇）

　　胡適的這一段啟示，對我們人類來講太重要了！！！
　　從胡適的「實在論」，我們意識到了他已懂得實在與本體存在的區別，懂得了「主客觀性」和「這個世界」的實在和「那個世界」裡的本體存在，也理解了本體存在、實在的「真氣神」。他的這段「實在論」倒是可作柏拉圖的本體論的註釋。馮友蘭認定胡適是主觀唯心主義者，我置疑馮友蘭自己是否有這個本事來懷疑他人，置疑他真有真知當他的哲學大師否？胡適是主觀唯心主義者嗎？這恰恰反映了他馮友蘭根本就不懂「本體論」。

　　有幾個概念要提示一下：
1・客觀存在不是客體存在，只有人才有觀，客體世界沒有觀，客觀實際上是主觀看法，這是造成我們自以為是客觀且標榜自己客觀的原因，並把客觀看成了客體、真本、本體存在，客觀只是表示符合客體，客體即本體存在。再符合，最多是個「是」，因為是個帶引號的是，這自以為的「是」極有可能為「不是」。
2・本體存在意義在它的真本（真氣神），真本不真本，不是你我他說了算的，特別是那個「是」，在有爭議

的情況下，連「是」都不一定。

3・這個世界是眼前的所呈世界，是經過人的機能「加工」的，可以這麼說，是個主觀世界；那個世界是指本體世界（客體)，它是寄主呈現的。動物也有這「加工」機能，也呈現牠們的世界，能說動物所顯示的世界一定像我們那樣？那本體存在、本體世界該是我們人顯示的還是動物所顯示的。這不是說本體世界不存在，本體世界肯定存在，這是科學告訴我們的。科學還告訴我們，這個世界是主客結合世界。本體存在只提供「無顯的」樣本，而呈現它的只是成品，你說這是主觀的、還是客體的？可以叫客觀的，但不能叫客體。

這個世界是靠我們的有些功能來呈現的，其他動物自有牠們的功能呈現的世界。在我們人呈現的世界裡，呈現的所有東西和非東西都是實在。在我們的世界裡的物體、事物、情況，都叫實在，它會映在我們的大腦裡成為意識，我們表達它往往要通過語言。成為我們意識的還有感悟的「道」。

語言分兩種語言，一種語言可以「妙哉」，即生活語言、文藝語言，可以不考究；但學術語言、哲理語言，所用的辭應該要嚴格的規範——表達對象（實在）要「絕對對應」，但實然（情況）並非如此，而是隨心所欲，這裡的「心」就是私心、居心、心鬼，這種心出自「功利」。

　　所以，胡適用的是實在（我們這世界裡的存在）這個詞來表達，從哪方面來講都非常的貼切，是我們這世界裡實實在在的存在，確確實實存在在我們人的世界裡，因此胡適叫它實在。但這實在又遭到人的踐踏。胡適說它是「小姑娘」，由著我們打扮，而我們打扮她實際在意淫她、用概念對她塗脂抹粉。這是說這實在被表達出來如同打扮的小姑娘，實在就失了真。從這裡我們可知道我們的語言是什麼貨色，我們「說不清」的原因全是語言在搗鬼。

　　在《解讀馮友蘭》書裡第二篇《哲人其萎貴範永存》中張岱年先生寫道「熊十力先生著《新唯識論》，創立融合儒佛的新體系；金岳霖著《道論》，以「道、式、能」創立形上學體系、「認識論」學說；馮友蘭著《新理學》建立了「真際」與「實際」兩個世界為觀點的形上學，又撰寫了《新事論》、《新世訓》、《新原人》、《新原道》、《新知言》，合稱「貞元六書」……（學人紀念卷解讀馮友蘭，海天出版社）也就是說馮友蘭很精通「真際」與「實際」（應然與實然）理論，這個哲學原理要用深厚的本體論知識，現在的清華大學教授賀衛方講「應然與突然」就講到本體論上面去了。從馮友蘭攻擊胡適那段話來看，這個中國古典大師根本不懂「本體論」，本體論是哲學必懂之學問。不懂本體論的真氣神，就不可能掌握真際與實際理論的的靈魂。

　　「真際與實際」就是「應然與實然」理論，這不是兩個世

界為觀點的理論，它們就發生在我們身邊，是發生在我們世界裡的現象，用這個原理，能解決我們許多方面、許多問題上的糊塗，是個很重要的哲學方法。使我們看清：(1)應然出真理、實然出真相。(2)應然該這樣、實然卻是那樣。人的實然不是應然、不是真理。(3)理解別人的話，不能把別人所說的實然話當應然話，也不能把別人說的應然話當實然話；自己的話也要注意。要看清題目、求的是應然還是實然。人的真相與與人的真理是兩碼事，說的是實然與說的是應然是兩碼事，馮友蘭懂嗎？胡適揭露一個事實真相（實然），不是在做應然題。「真際與實際」大師，會應用自己的哲學理論嗎？會讀出胡適這段話裡的本體論精髓嗎？連本體論的真氣神都不懂，還講什麼哲學，只會添亂。這就是馮友蘭哲學跳槽的原因

　　這是個老派的哲學大師，一個中國古典大師，如今遇上了唯物論、辯論法、馬克思主義，他的哲學就沒轍了，怎能不投降！還是哲學不到家的原故，這就是他的哲學深度。記住，黑格爾嘲笑中國沒有哲學，馮友蘭真好去堵槍眼，貞元六書不看也罷。

　　喔，對了，他和毛澤東一樣，喜歡這個「新」字。他還比毛澤東嫩點，毛澤東比他多喜歡一個詞「人民」；這不是喜歡人民，而是喜歡用「人民」這個詞。

　　應該承認馮友蘭在中國古代哲學方面的知識和古文化方面

有很高的造詣。言詞更有欣賞性。但怎麼會背叛自己潛心研究呢？尤其是哲學。為什麼「解放前」不背叛，這背叛卻在「解放後」呢？是因為權力已易主？雖然這權力形態掛羊頭賣狗肉，打的招牌是牛頭不對馬嘴的「意識形態」。我們現在知道這種所謂的「意識形態」是什麼玩意兒？這和概念湊成的「意識形態」牛頭不對馬嘴，和農民造反的「替天行道」是同一個玩意兒。馮友蘭的背叛算不算易主？他的背叛值得研究研究：要麼說明他的哲學棄暗投明，要麼就是他棄明投暗。棄暗投明與棄明投暗都說明以前他的以前哲學很膚淺，甚至知識是錯的。現在兩種權力形態的特徵越來越明顯。能說他的背叛是明智的嗎？能說明以前的哲學是暗、現在的哲學是明嗎？他是因為以前的哲學知識不堅挺、不正果，才投向現在這黑色的哲學信仰的。

單純（人名）對馮友蘭的評語「人生境界（學說）可以說是馮友蘭哲學思想中最為珍貴的部分。他（指馮友蘭）曾說，生平立論最不可改變的就是境界了……境界分自然境界、功利境界、道德境界、天地境界……」

既然立論的境界最不可改變，他的立論境界卻這麼容易更改呢？他更改的是什麼呢？是什麼原因更改了他的哲學境界呢？只有兩種可能，一種是賣主求榮；一種是他的哲學不夠堅挺。

那為什麼不堅挺？我最喜歡馮友蘭的地方——文字表達極

其華麗、美輪美奐，簡直出神入化。美妙歸美妙，卑賤歸卑賤。恰恰是「最為珍貴的」、「最不可改變的」發生在馮友蘭先生的身上卻是最容易改變的。「最為珍貴的」、「最不可改變的」應該是他的哲學境界，這豈能不發人深思，哲學立論豈能因他的背叛而輕易地動搖了價值？這豈能不懷疑他的境界是不是有值價？哲學境界是不是很高？是以前的境界高呢？還是以後的境界高呢？又給哲學增添了一個絕妙的詞彙──境界，平添了許多念想。

難怪有人認為西方哲學偏重於理性主義，而中國古典哲學富於神祕主義，這神祕對哲學有用嗎？我認為哲學最忌諱的是神祕，要講到不神祕才是哲學。

像胡適的實在論、西方的本體論、分析哲學的語言學、概念學、邏輯學，這幾個基本問題才對我們社會、對我們的人生有用，打好基石才能建高樓大廈。

說了一輩子的境界，到頭來反沒了境界。

「花拳繡腿」，這就是馮友蘭的哲學。

Part **3** | 概念論

論概念

我們概念來概念去的、用概念爭論事情是爭不清的，這爭的是概念，爭的不是「實在」（事實），以及實在的道理。

發展到今天，用概念的爭論，存在著概念與實在「文不對題」；概念與事實不再「絕對對應」。

概念只是名稱，打擦邊球，不顯情況，情況要越具細越好。形而上學的錯誤也是這個原因，脫離了實在的事實、脫離了情況。

這裡有個講理的規則，講理不會用名稱，而要講情況，且越具體越好（見《講理規則》篇）。常言道「事中言理、理從事出」，想不到這句俚語卻是哲學上的偉大真理，這說的是講道理不要脫離情況。

與概念編制的「理」或者「實在」爭論，這不是爭的實在之理，這爭的是「概念事實」，就像在「雞蛋裡挑骨頭」，不會有結果的。爭論要回歸事情，「理」所表達的意思是不會有問題的，問題出在所用的概念上，及「概念與事實有「文不對題」是絕對對應出了差錯。

概念只是名稱，不顯情況。

因為概念是事實的抽象，存在著以上這兩個原因，概念不再事實。特別表現在政治上，因為人不會如實的用概念來表達自己的權力所幹出來的骯髒的事實，而往往用亮麗的概念來表白，表白的不是真相，表白的是堂而皇之的自己。

我們人有語言和文字，是用來互相交流的，不同語言和文字有其共性，概念就是共性之處，還有詞性、語法，也是共性之處。作為概念，應該是事物、事情特徵的表記，也是人意識事物的表記。但是我們習慣了用概念來表達，而不注意概念的缺點（陷阱）。

事物給人以信息，信息在人的腦子裡形成「人腦子裡的事物形象」，這個過程的結果是生理現象，產生的結果不會有多大的出入，再變為人想表達的意識；事物與意識，兩者理應合一，這是個唯物轉唯心的過程，存在著天規天範。這要符合的規則便是應然，應然就是應該、理應、應該，人會覺得許多的方面的應然。人犯下的事實，也即實在（胡適語），都是實然。因為人性關係，應然與實然兩者不一定相符。語言、概念也可從了人的心思。

漢語中，概念由字組成，理應根據事情的特徵挑選對應的字組合成概念，但這都是隨心過程，這樣概念就有了靈動性。概念又反過來作用人：字有其意，這樣概念也有其義；它對人產生「是做事物的表記」的條件反射，也就是概念的意思代

表了實在（事物、事實、事情）。它在我們的交流中產生兩個過程，一個是「事轉概」（在我們人的交流中，事實必會轉化成概念）；一個是「概轉事」（概念再在我們的腦海裡又轉成事實，即概念所指事物）。這就產生了一個與本體論有關的問題，又因為上面的條件反射，「自我代指」變成了「實質代指」，再加上概念的靈動性，這個過程產生了人為錯誤。

奧卡姆把這個過程稱為「自然科學」，我們誤會了奧卡姆的話，其實他說的是這是自然現象而沒說這是科學的。這人為的錯誤導之了語害與概念陷阱。如用應然與實然的理論就不用表明這個錯誤，字裡已表明。語言、文字有其字面的意義，表記事物、表達事實，當然要與事物、事實吻合，這是天然的規矩、應然（理應）是人的所感。

由於這裡有個隨心過程（指事物轉化成人表白的意識以及選用的概念），這是個可隨人的心鬼指使的過程，變得「要怎樣選用字組成概念表達實在就怎樣表紀實在」——這心鬼要想把事實打扮得漂亮點就用漂亮的概念，想把事實醜化就用醜陋的概念。這就是胡適的著名的那段話——「實在論」（見《馮友蘭的哲學很牛嗎？》、《應然與實然》、《本體論的意義》這些文章有提到。）這樣，概念就和事實不相符，產生了帶引號的「事實」或「實在」，沒經過概念打扮的實在才是事實真相，才是實然，而打扮了的「事實」這是在撒謊。人為什麼要這樣做？因為人性（原罪），包括性能缺點，這「自我代指」會變成「實質代指」。我們人非但不認錯，還製造各種主義來

幫撒謊說理。這就是人的語言和概念的實然情況。問題歸結於人的誠與詐。

　　什麼東西到了人手裡就會生出是非、善惡、真假的兩面來，特別是政治。如國家、權力、軍隊、武器、科技、錢財……甚至科技，像攝像頭、軟體、人臉刷……都會產生兩面來，因為這些東西是走心的。我們的許多見解、理論都是為權力、政治而引發的，可見政治、權力是人類頭等大事，也足見它對人類的影響。孔子說「為政以北斗、眾星拱之」，這不僅說的是為政要用一種理論來當國家的宗教，還說的是權力所做下的事會成為社會的風向標，眾星學之。

　　「是與善」、「真與誠」是應然，也是我們人認可的一面；「人是有原罪的物種」，「非與惡」、「假與詐」表現在我們的實然中，實然中就有不可認可的一面。

　　類概念往往是應然的，而個別事物、實情往往想往應然的類概念上靠。因為說事要用概念，概念又可從了心思，即可隨心選用概念來表達事實真相。概念不同，事情的真假、所指就不同，即事實與「事實」不同，因為概念的「實質代指」，用概念所表達的善惡與事情所表達的善惡、道理就不同，於是我們吵架不息。

　　前面提過，胡適有段精彩的述說最能說明概念：實在是個很服從的女孩子，實在是個百依百順的女孩子，她百依百順地

由我們替她塗抹起來，裝扮起來。實在好比一塊大理石，到了我們手中，由我們雕成什麼樣。」這裡，幹「打扮」這種不老實工作，指的就是人的語言、概念。而人的語言、概念確實能完成這項下流的活，這就要談到人的語言、概念的性能問題。

在《雜說宗教》篇中（P.83），可悟出我們給事實（實在）定概念，有三種情況：(1)是從應然的角度來給事物命名的；(2)是從實然的角度來命名的，(3)是從文字的角度來命名的。

這三種概念打扮出來的實在就不同，這是我們尿不到一個壺裡的原因，尿不到一個壺裡就尿不到一個壺裡唄，沒什麼大不了，但這關係到利益、關係到權力，問題就可大了，人的動物性就表現得淋漓盡致，罪惡就像滾雪球那樣越滾越大。

這個問題的意義在把應然的概念來替代現實中的事實之後，就可以掩蓋了事實（實在）的骯髒，這風氣不利於人類的身心健康。這實際上是「事實」替代了事實、打扮了的「實在」替代了實在（胡適的《實在論》）、假孫悟空替代了真孫悟空。這會助長隨心所欲地選擇概念來表達事實，打扮罪惡。這就是胡適說的「打扮實在」。這現像已蔚然成風。胡適揭示的是現象，我是在解這現象的迷團，清華大學的教授連城川所說的「意淫」，更在本質上，「罵」得好。（見《論大秦的強國之路》篇）

從居心出發，表達事實的概念往往和「事實的特徵」不一樣，這些亮堂堂的概念打扮事實成「事實」與事實一真一假，一誠一詐。這裡有心鬼。

概念已不再從前，以前的人老實，做學問也老實，都朝本份上想，這學問朝應然想，做出來的學問，心都向著應然，只有一根筋，我們稱它為學究派、學究氣，意思是脫離了「人情世故」的思維。

比如，認為「概念是表達事物的特徵的」，這句話就是應然話。但這種要求沒有懲罰力，現在的人變精了、也變狡猾了，知道掩飾了。知道可以隨心選錄概念來打扮事實，而不會遭到天譴，概念已不再像以前那樣的單純了。還認為概念是表達事物的特徵的？這不是在慫恿造假嗎？傳統的概念論會加重造假、加重「實質代指」、加重我們說不清。

所以概念不能像以前那樣界定。因為概念有三種屬性，就助長了「強詞奪理」、「指鹿為馬」、「張冠李戴」。對此，沒有天譴，沒有懲罰，我之嘮叨也就是要人們明白：爭吵的原因在概念使用不當，明白概念已不再像以前那樣的單純了。

概念打扮出來的事實自然就不一樣。要人們明白「應然出真理、實然是真相」。先明白了再說以後的事。凡事明白為先，明白了錯誤才能改錯，人類才會走正道、世界就會文明起來。那心鬼選擇的概念就像撒旦選妃子。我們明白了概念是怎麼回事，才能抵擋撒旦選妃。

　　要避免出現混亂，首先要分清題目求的是真相還是真理，並要有誠與詐的意識，思考要分應然與實然，屬於應然的，落筆要寫上「應該」、「要」的字樣，凡是不能放「應該」、「要」的字樣，便說的是實然，這樣會避免許多爭吵。

　　應然的概念表達了事物應該有的模樣，要求事情做到概念所表達的那樣、是要求，這樣的概念表達了事物要**有應該的特徵**；概念的實然是從實然情況、從事實的真相來酌定、選柔概念。這要我們思考，**問題求的是真相、還是真理**，求的是真相就不能把實然中的事實考慮成應然的樣子，當真理來要求的應然，才能用把事項考慮成應然，這不是在打扮事實，而是在敘述應然的事項。用得不對，除了會造成爭吵不休外，還造成……前面已說透了。這事項不是事實。事項與事實，就如我們以前說的概念的「一般與個別」、「類性與個性」、「共相與殊相」屬性，現在我們要補充說「兩者的是不一樣的」，有相同之處又有不同之處，我們把類性事項表達成應然的模樣，而事實是實然，表達時要講真實，即馮契《哲學大字典》的那句話「概念是表達事物的特徵的」。如做錯了題，不是得 0 分這回事，而是會反彈回來作用我們。

　　概念的這兩種屬性用應實然理論來說更清楚，意義也更大，意義的核心在「不能把應然話當作實然話，也不能把實然話當應然話」。類種概念包括賦的義往往是應然的。如人民共國和國這個概念，國家要人民作主，國體要附合共和原則。馮

契的《哲學大詞典》裡的「概念體現事物的特徵」也是一句應
然話，是從應然的角度來要求概念的。屬應然話，最好在句中
放「要」、「應該」說樣的詞。《哲學大詞典》裡的另一句
話──「一個概念既指向個別又指向類種」，是實然真相話，
是在指點迷津。

這是說概念有兩個內容，這兩個內容會打架，因為這關係
到真理。

科學的精神是什麼？首先講真，其次再從真相思考出真
理。我們已進入詐的年代，我們更加要分清題目的要求，分清
求答的是真相還是真理。是求應然真理，用理想主義的風格，
求實然真相，用的是現實主義的風格。

今天，我們對語言、概念的認識，還遠遠不夠，大家多般
是從它給人類帶來福這方面認識語言的，很少認識它的禍害。
其實它不僅是我們人類的福，更是人類的禍。以前，我們人以
語言為自豪，給我們帶來的是無窮的福，如今我們應該認識到
它還給人類帶來了說不盡的禍。如今人的心鬼越來越重，人越
來越跟著心鬼走，嘴上說的話、手上用的概念，這概念往往與
事實不符了，就像黑商販賣的貨。馮契大詞典裡對概念的界定
只能作原則、作守則。把這句話作實然話，表達實然中的真相
就錯了。為什麼要強調「與其對象要絕對對應」？這是在說，
我們現在往往是概念與事實對應不上，概念與其對像已成「應
然的概念、實然的事實了」。現在得提醒「概念陷阱」、提醒

大家要「概念體現事物的特徵」，這說明現實中，概念性質已有改變，人們對概念的認識也要作相應的刷新。

現在是詐重於誠的時代，特別表現在權力，權力、政治像天那樣籠罩著社會，既然像天那樣籠罩著大地，所以，權力的所為、政治的所為與我們息息相關。權力形態像空氣，瀰漫了整個世界、大地，到處瀰漫著權力的言行不一，說一套做一套，為了掩蓋這事實的罪惡，就用語言來詐、來強詞奪理。這語言的關鍵在概念裡的名堂。

權力已瀰漫在人類的任何鳥事中。任何鳥事都離不開權力問題（見《Vpay引發的聯想》篇）。

自從馬克思的哲學上市後，搬出了許多新概念，如「無產階級革命」、「無產階級專政」、「社會主義」、「資本主義」，毛澤東又搬出許多新概念，「中華人民共和國」、「新民主主義」、「反右鬥爭」、「大毒草」、「整風」……以後人們就把這些詞叫做羅生門詞兒。藉著這些概念，把我們人類拖入「**應然的概念、實然的事實**」時代；大玩概念，開歷史的倒車，回到極權、皇權主義。以「實然」替代實然，用應然的概念製造「實然」，這不靠譜的「實然」再生出偽品假貨（「應然」）來，再把這偽品假貨的應然叫作「意識形態」。概念與事實之間、應然與實然之間、實然與「實然」之間發生的不符到了極致。

　　要控制好人類的這種劣跡，最好的辦法就是就事論事，用哲學家伽默德爾的話「讓事實說話」。少概念來概去，在概念上打口水仗是分不出勝負的。概念已不代表事實，概念已成為一件衣服、一尊假面具。這「意識形態不同」就是概念來概念去的東西，這「意識形態」只是一件給權力形態穿的外套，只是用概念拼搭的積木。

　　語言不是個誠實的工具，語言往往與我們的意向、心術、居心、心鬼相互勾結。

　　這就構成了我們的語言禍害、概念陷阱。提高我們的智力是人類的當務之急，要從應然與實然的角度提高我們對概念的認知，這是哲學的首要任務。普及應然與實然的哲學原理、普及社會政治的語言課、揭穿實然中的語害與概念陷阱是人類走向智力的第一章。

　　要顯現大腦「影像」，只能通過語言來表達，於是權力就用概念表達成帶引號的「事實」來騙人。語言作中介，人的心鬼就作了怪。表述的「實在」（胡適語）也因心鬼而異（叔本華把心思歸結於意志），語言千方百計地服務於意向（心鬼），製造應然與實然的不符。

　　造成爭執的禍凶——人類的語言與概念。也就是本書、本文的一個中心思想。

　　我們以下討論所有的問題，都得走這樣的過程：客本的事實影顯在腦海裡，再由「無慾、有慾（心鬼）」表達成人的「常」（老子語），這也是「事轉概」的過程，語言把「事物、事情、事態轉化為概念的過程」；然後再「概轉事」——指號、理解。這裡的每一個過程都可發生應然與實然不符的問題。而花頭最濃的一步，即「事轉概」（事物用概念來表達），最容易出錯，也是出錯的起點。這就是老子《道德經》裡所說的「眾玄之門」。

　　這一步除了我們的性能原因（自然力）外，更因為這一步可以寄存人的心鬼。梁啟超曾以「用極忠實的客觀考察法以求得真相；以自己所願望的憎嫌而加減」的話，來提醒我們，這話與胡適的話一模一樣。

　　這全看人的誠與詐，如詐，經過我們人的心鬼一搗鼓，問題就更嚴重。我們人的世界裡（特別是涉及權力的問題上），失真的原因裡，心鬼造成的因素遠比自然因素（自然力）造成主客性不符的後果嚴重得多，現實，由於心鬼作怪，失真狀況更是頂峰造極、無所忌憚，只顧著功利、不顧天規，而權力中的功利最大，當然興的風浪最大。這使嬲的伎倆就在概念上。

　　這帶引號的「事實」是用語言和概念製作出來的產品，它似是而非、欺世盜名。事實（實在）既是髒兮兮的，就決不會拿本來面目示人，必打扮成「事實」來欺詐人，這打扮的工作誰來做呢？就是語言、概念來做。

現在再講講語言學中的概念，概念有以下的作用：

1・我們用概念來表達事實（實在）。

　　概念在人手上就有了兩面性。於是就有了用對與用錯，用錯了會騙死人的。這就是為什麼要強調「概念與其所指對象要『絕對對應』」。

2・概念有靈動性。也就是說我們可隨心選用概念來表達事實（打扮實在）。

　　在馮契的哲學大詞典裡指出了這一點：「概念在反映所指個體的同時還指向具有相同屬性的事物。」學究氣太重，還不如胡適說的「打扮實在」說得痛快明了。

　　可見概念本身有這個屬性，這個屬性在人的手裡就成了靈動性，即人隨心選擇概念來指代事情，所以人這麼容易搗鬼。只要這「個別」與隨心所選的概念擦上邊，就不看其他體徵像不像，這叫打擦邊球。

3・概念與人的互動中產生兩個過程，即「事轉概」和「概轉事」（詳情見《應然與實然》篇）。

　　「事轉概」發生在事物由概念來表達的過程中，屬於物質由意識來表達的過程；「概轉事」是指我們把概念理解成事實的過程，屬於意識「決定」物質的過程。這兩個過程心鬼都會搗鬼。結果發生概念替代事實，即奧卡姆的「實質代指」，也即概念製造的「事實」替代了事實。從這裡看出為什麼人會嘴上說「物質決定意識」，實然中卻是「意識決定物質」的原因了吧。中國有個成語「強詞奪理」也和這個原因有關。

　　不要小看了「強詞奪理」這個中國成語，展開它是本哲學書，我們應該好好的研究一下這「強」字。強詞有幾種類型？為什麼強詞能成理？這理的實質是什麼？譬如說打扮實在就是強詞，製造時新的概念來指代實在就是強詞，製造「概念事實」來替代事實就是強詞……這本哲學書書名可叫《強詞奪理的規律》，這強詞指明了就是概念造成的，這就是西方哲學裡的語言學，只是這語言學說得零零碎碎，沒指明多見於政治與權力，因為權力才需要打扮實在、需要掩飾事實。由於強詞，無理就能變有理。

　　權力最會做兩件事，用漂亮的概念來打扮實在，用別的理由來做詭辯。我們來作進一步的技術分析：

　　在「概轉事」的過程中，我們人的心理落上了「概念代表事物的條件反射」。也就是《哲學大字典》裡的那句話「概念體現事物的特徵」所烙下的條件反射。即在「事轉概」的過程中，認為事物產生概念、再把概念當成事物理所當然，是再自然不過的事情了。哲學家奧卡姆還給我們下了「實質代指」的定論，還認為這是科學的。誰想到在前面的事轉概的過程中，人的心鬼已做了手腳，是不是科學的，後來的哲學家莫里斯在他的書《指號、語言和行為》做了是不是科學的分析專著。奧卡姆的學術理論代表了早期，莫里斯的學術理論代表了後期，這就說明了只有不斷的研探才能使哲學論述完善，早期的學術理論要作後期的調整，甚至更改。

「事轉概、概轉事」我們要經過兩道審核，但我們的智力不懂得要審核，審核是要有學問的。奧多姆的「實質代指「的定論，還認為這是「自然科學」給我們帶來極大的困惑，這個理論要補丁。

對概念的認識必須調整，用得好，概唸完全可和事實吻合，爭論吻合不吻合、對應不對應是不太能說清，但通過爭論會看清誠與詐，在爭論中，是君子所用的概念必「絕對對應」，是小人必詐這裡有個金指標，那就是「絕對對應」（基本吻合）。「絕對對應」、「誠與詐」不是靠爭論概念爭出明白來的，而是從事實中爭論明白的。

現在來講，用概念就好比給事實穿制服，實然中我們可隨心挑選「衣服」這挑衣服，這要講誠，這誠對權力來說很難做到的。它總是挑最華貴的、最時髦的衣服穿上。人們只善於認衣服不善於認清人，「自我代指」成了「實質代指」。形而上學加重了這種現象，就這樣，一系列的語言學問題發生在我們的現實中。

人們因為智力問題，反而被強詞奪理方的「強」爭取了過去，這理沒法講。希臘故事裡的「烏迪之結」無法解開，上帝是不會開口的，解鈴還須繫鈴人，只有靠人的智力快快提高。

中國的成語「強詞奪理」是非常有哲學內涵的，可惜中國人沒有繼續往下做學問，西方國家做了「強」的學問，但沒有好好的總結，變成了非分析哲學與分析哲學間的爭吵。

分析哲學家的「所指」、「指代」、「對應物」、「意向性用辭」、「語境」、「證成」、「理境」、「概念學」、「邏輯學」以及「本體論」等問題。就是在作語言、概念的科學學問；在做反「強」的學問，但學究氣太重，用於分析權力則不夠。

現在看來，學校不但要授語文課裡的語法，還要教社會語語法，特別對權力的用語分析得不夠，只教學究氣的概念詞義反而會誤導學生，即認為概念就是現實中事物、事實、事情、事態。學校教授光講正面的，不講實然中的負面是錯誤的，講正面的守則對人沒用，講犯規現象才有防疫作用。對人來講，我覺得講負面、講錯誤要比講正面、講優點來得好。

概念將導致成理，概念用錯，這理就是偽理。成理錯誤有兩種，凡是人的理，老子用帶引號的「常」字來表示：一種、弄巧成拙、認錯了理，是自然力的原因，這種錯帶著誠字——把不應該當理的當成了理，就像很多人把自然規律當成了真理，但是自然是不講理的。自然講的是能量大小。「叢林原則、弱肉強食」就屬於自然規律，我們人能當真理嗎？

把自然規律、把「大多數」當理，這種錯誤就是老子說的「無慾」所犯的錯誤。這理似是而非，是偽品假貨；一種是故意用錯概念，像「無產階級專政」、「無產階級革命」、「新民主主義」、「政協」、「代表人民」、「中華人民共和國」、「人民子弟兵」……充當意識形態，心裡藏著詐，為了

強詞奪理。往往出於心鬼，老子用「常有慾」來表示，用這些概念強詞出「意識形態」的理來。這如同叫「狼來了」，但實際上狼沒有來──無產階級的政權沒來，社會主義沒來，而是「無產階級專政」、「社會主義」……來了。

揭露虛假機理的是莫里斯的指號學說和弗雷格、卡爾納普的概念的「絕對對應物」論學說。人類幹了壞事還可以打扮成應然的模樣（漂漂亮亮），就是用了與事實不符的辭彙和概念。

用這種概念的製作品當事實和事態，這就是胡適所說的《實在論》，打扮後的實在要打引號（「實在」）。

避開事實真相，只在概念上做文章，搗鼓來搗鼓去，使點小聰明、玩概念、耍嘴皮子已成了現今做哲學文章的風氣。非分析哲學很欣賞這種作為。人類已把這種做法默認當作了邏輯和辯證法，這是一種自以為是的偽應然。

爭論必須杜絕這種小聰明，哲學更不應該把這種小聰明當學問。如果我們不重視語害問題、概念陷阱，我們的社會問題會變得越來越嚴重。

語言文字表達後接著的程序是理解，理解的後面是使用，這裡又有兩道會發生錯亂的「坎」，也是檢驗誠詐的道口，人們走過這兩道「坎」都會留下心跡，發生應然樣品與實然成品不符的問題。

現在我們回到現實用具體的例子來說明：

許多國家都取名為「人民共和國」，如「中華人民共和國」、「朝鮮人民共和國」、以及許多第三世界的國家……我想用不著我來指明這裡的真偽了吧？

「人民」、「共和」這樣的概念是西方國家為了講民主講出來的，但是西方國家卻沒有一個國家把這些詞加在自己國家的頭上。有趣的是，所有強權的國家、「社會主義」國家，沒有一個不把這兩個詞用在國名上，實際上是給自己執政的權力穿件外套。

這就是「意淫」；這就是「應然的的概念、實然的實在」；這就是心中有鬼、卻用亮堂堂的概念來表達。

多想想胡適的那段話！是我見過的有關概念的最精闢的話；這是說得最好的《本體論》。

如果以前的概念學曝光的是概念的好處的話，我曝光的是概念的壞處。因為我的環境，到處都是感同身受的反面教材。

Part **4** | 講理規則

講理規則

　　要判斷講理不講理，從遵守不遵守講理規則的角度就能分別出一二，這要從不講理的那幾招說起。講理的決不會不守講理規則，有句話叫「沒有規矩、不成方圓」。說得不夠婉轉，這「方圓」倒可理解成理的意思；但「沒有規矩」的說法讓人難以下嚥，倒不如挑明了不成規矩的那幾招。所以，講理要有規則，講不講理，只要看守不守講理規則。規則要從不規則的那幾招說起，我一直強調真理是從認錯改錯的路上走來的，認錯才能改錯，認識錯誤比認識規矩的效果好。

　　在講講理規則之前，先介紹一句大家耳熟能詳的真理「實踐檢驗理論」。在認可這句話之前，先要弄清楚「實踐」的所指、「理論」的所指；這檢驗有多層意思；也就是要先檢驗這實踐是不是這理論的？也就是這實踐是不是和這理論「對應得上」麼？也就是這實踐是不是這理認指導下的實踐？要搞清楚這實踐是不是這理論麾下的。這「實踐檢驗理論」只是半句話，它前面還有半句話「理論指導實踐」。我們從來不深入的想想檢驗這兩個字。我們忽視了前面的那半句。這句話是正對權力說的，權力更用得上。因為權力說一套做一套，所以這前

半句話更重要，首先要檢驗權力是不是應驗了前者話裡的「指導」，這檢驗的是實踐與理論間權力是誠還是詐，這才是當今首要的檢驗。檢驗的是這種實踐是不是屬於這個理論的，檢驗理論是不是該出這個實踐。

用波爾・羅雅兒的內涵外涎這對概念就能說得更清楚，（見《內涵與外涎的哲學盲區》篇）。內涵與外涎要講互相忠於，即在講「實踐檢驗理論」之前先要講究「理論指導實踐」，這「忠於不忠於」、「指導不指導」講的是誠與詐。講了誠，就算內涵和外涎是「一家的」。然後才能實踐檢驗理論的正確與否。因為現在搞政治、搞權力一點不誠。「別家犯事怎麼能算到別一家的頭上呢！」權力、政治首先要講誠與詐，首先要講這實踐是這理論指導出來的，這看上去很難，其實並不難，只要看制度、看建構就知誠是詐。

這「實踐檢驗理論」只是一條真理的後半句話，前半句是「理論指導實踐」，這話的意思就是實踐時別忘了要踐行理論，也就是要有一顆忠於理論的心，忠於不忠於在誠不誠。關於實踐與理論之間關係完整的理論是，後半句要加前半句，光有後半句會烙下「說一套、做一套」的毛病。

按照後半句，這「無產階級專政」的實踐只能算封建極權的實踐，只能檢驗封建制度是不是正確與否，帶引號的「無產階級專政」不能檢驗不帶引號的無產階級政權的理論，這是

說這個權力形態是封建極權形態的，也就是所做的實踐是封建極權的，怎麼能檢驗無產階級的權力理論呢？怎麼回事？這權力的名字不是叫無產階級嗎（引號是為了說明這裡的區別才加的）？問題就出在名稱上。應該把自己所取的名字無產階級專政打上引號，根據本體論的核心意義，「無產階級」不是真正的無產階級，專政就更不是無產階級的了。這「無產階級專政」的實踐實際上是封建主義的，說成無產階級、社會主義是誘導人們把他們的權力形態看作無產階級，好代表無產階級，這代表無產階級也要打引號的，是為了利用無產階級人多勢眾好奪權。再說這是一群知識最差、最好糊弄的人群，這群人在社會的最底層，最好搧風點火，點火即旺。為什麼要把這種自己的極權統治來充無產階級呢？因為無產階級這個概念亮堂堂的，代表了人民大眾、代表了正義，能指號人們。

這就是「應然的概念、實然的現實」。這句「實踐檢驗理論」不管有沒有真理價值，但有掩飾權力人性「說一套做一套」。這裡的道理很隱晦、很難表白清楚，但必須究出來說清楚。因為「實踐檢驗理論」的背後藏著一個偉人的陰暗心理、藏著「說一套、做一套」，而「說一套、做一套」正是人類的大忌。

這就是概念惹的禍，邪惡的權力常製造有欺騙性的概念來講理（見《論概念》篇）。這就是政治詭異的地方，這詭異在概念。最能說清楚的是胡適的那段著名的「打扮實在論」，我

們只要把這段話鋪開來思索就什麼都懂了。

　　眾所周知，權力、政治很賊，說一套做一套。大家不會想到，這「無產階級」的理論和實踐只是用的是無產階級這個概念，幹出的是封建主義的極權專制實踐；封建主義極權犯的事不能算在無產階級的頭上（不帶引號）。這是說這種「無產階級專政」的權力形態不是真正無產階級的，只是撐權的這夥人因為素質不高、出於人性、犯了權力慣有的物象──封建主義的皇權極權，為了欺騙人民在概念上做文章而已。

　　毛澤東經常把半句話掛在嘴邊。為什麼不提前半句呢？這說明這裡有鬼、心裡有鬼。這說明他不喜歡前半句，這前半句帶著對權力的制約，他不喜歡權力受到制約。權力、政治常常口是心非。封建社會的皇上出於無知，不講理論與實踐的話，難道他也出於無知？他比皇上有知識，講半句話說不定是他比一般人都懂的原故，只是這些知識不引導他不走好路。這前半句話會聯想到他所建立的權力，他一言九鼎的實踐能叫無產階級專政？能叫社會主義實踐嗎？他的實踐只能叫帶引號的「無產階級」或「社會主義」吧。這權力、這現行其實質是封建主義專制極權。這樣的權力、這樣的實踐能叫理論指導的實踐？所以只提後半句是別有用心的，這裡面有陷阱。這前半句話的現今意義越來越重要，對他所塑造的權力形態尤其重要，他是無冕冠的皇上。

　　這「實踐檢驗理論」要講的首先是，這實踐是這個理論指

導下的實踐，不能理論一套、實踐一套，不能掛羊頭賣狗肉。不能理論體現了一種形態（性質）、實踐體現的是另一形態（性質），不能理論姓這一家的、實踐姓另一家的。難道毛澤東他的實踐與他的理論是不配套的？之所以不講前半句話是想逃過這一關。

由此看來，權力的問題核心不在「實踐檢驗理論」上，而在誠與詐上。只提「實踐檢驗理論」是在打馬虎眼，是一頭狼披著羊皮想矇混過關。

尤其是權力、政治，審查「誠與詐」極重要。由於權力極不老實，極會說一套做一套，再加上概念也極不老實，有時候就狼狽為奸，被權力利用來使詐。其實它是在指鹿，指鹿什麼呢？誤導人們承認他的實踐、他的權力是無產階級專政，指鹿他所幹的是無產階級專政、社會主義的實踐。像反右運動、階級鬥爭裡的實踐體現的是他的「無產階級專政」、他的「社會主義」。那些「一言九鼎」、「順我者昌、逆我者亡」的事實，體現的是他的極權專制，體現他統治的殘酷。

七百萬人打成右派，迫害慘不忍睹，許多人因為生不如死，就選擇了自殺。封建社會的滅門血案到了他的「社會主義」，出現了滅村血案，全村中被定為地主的全家老小、嬰兒都遭屠殺。製造的「冤案、迫害、殺人」前無古人後無來者，這是權力走極的必然，這是他在樹立皇上的淫威——用史無前例的一種意識形態來殺人，搞個人崇拜，做無冕之王。這能檢

驗無產階級專政、社會主義的理論？這是極權形態，是封建皇權的頂峰。這只能檢驗毛氏「無產階級專政」、「社會主義」實踐的殘酷。檢驗的是英國歷史學家阿克頓的「絕對權力絕對腐敗」，是權力這東西的基本物象，他行使的權力就是因為權力沒有了制約這個原因。所以概念所犯下的的罪是滔天的，對我們有指號作用，而我們像狗那樣形成了條件反射，認可了他所幹的是無產階級專政與社會主義，他利用了這些新概念使權力走向萬惡淵藪。

說得更明顯點，掛的是「無產階級」的牌子，幹的是封建專制的勾當。極權的實踐（事實）能檢驗無產階級政權理論嗎？這是個陷阱，他是在指號（意有所指），這裡面有詐！

這「實踐檢驗理論」的話有語害。無產階級本是個受奴役的階級，能同意這種權力嗎？再比如說「替天行道」，一個靠農民造反起家的皇帝老子幹的實踐，真的會「替天行道」嗎？他的實踐（事實）能檢驗無產階級的理論嗎？這就是後半句話的欺騙性。

說得具體點，皇權的實踐（事實）只能檢驗君主制理論的正確與否，如權力實行的是極權，不能檢驗無產階級當政的理論，只能檢驗「無產階級專政」。要審查「概念與所指」是不是「絕對對應」，只要檢驗權力的「誠與詐」。權力走極是權力的基本物象，沒有制約的權力只能出極權的實踐（事實），那些「無產階級專政」的事實是封建主義實踐的結果

（事實），不能代表無產階級專政理論的實踐，只能檢驗毛氏「無產階級專政」的正確與否。所以我們給這實踐找錯了姓，和理論對不上號，我們也被毛澤東指號形成條件反射，張冠李戴了。張的冠怎麼戴在李的頭上了呢？怎麼檢驗別家的理論上去了呢？這是別有用心的假冒，要治他假冒無產階級之罪。

無產階級政權就是勞苦大眾的政權，被統治的人民的政權，至於專政不專政是獨裁者自己加的，他們的血管裡流著暴力的血。權力獨裁專制、權力行暴行兇是權力的一種傾向，是權力的基本物象，是他們加的專政。無產階級政權、人民的政權肯定不需要搞成專政，更不會搞出這樣的話權力形態。作為無權的無產階級，肯定期望社會要福祉、文明與祥安、公平公正，只有極權特權才需要走極行暴、才需要專政。要實現無產階級政權、人民的政權講的是權力的誠字，講的是孫中山的「五權」。只要權力講誠，只有孫中山的「五權」的誠，才會給人民帶來，福祉、文明、祥安、公正、公平。

但我們的哲學家又搞起漿糊來，用「真正的公平公正是不可能的」的話，來搞漿糊，「真正的公平公正」就是你情我願，按契約來辦事。

事實告訴我們，社會要管理，就像紅綠燈管理交通那樣，為什麼大家會這樣的遵守「紅綠燈」呢？我們從「紅綠燈」裡就能思考出公平公正！那就是把權力交給科技，權力的龍椅上坐著電腦軟體。（見《Vpay 引發的聯想》篇）。

人的社會要提倡契約論，契約意味著討論合同裡的條款。討論免不了要講道理。要不毀滅人的世界，就要講「上帝」，「上帝」是理的倉庫、原則的發源地，原則是：世界太平、社會福祉、文明與祥安；公平公正就是你情我願；反對暴橫、反對暴力解決爭端，言論自由、信息要透明，這就是我們要的正義。

討論免不了要講理。「沒有規矩、不成方圓」，這「方圓」是什麼呢？就是「上帝」、就是孟德斯鳩警告的「十惡」。講理就如走路、航海，要有燈塔的光明，這燈塔就是普世價值。因為這是實踐檢驗普世價值的結果；實踐還證明「權力是萬惡之源」。權力用「拳頭」說話、民主，民主就是「討論、討論、再討論」。

我從講理、討論不遵守規則講起。

為什麼我要從錯誤講起？因為從錯誤講起的方法實用價值最高。人的真理是從錯誤中走出來的，這話不是慫恿錯誤。「真理來自於實踐」正是真理來自於改錯這意思，因為實踐告訴我們錯誤。

我們的路是實然走嚮應然之路（理性之路），知錯改錯就是我們的應然之路。講理中的錯誤有幾個大項目：

（一）強詞奪理——用概念、用語言來撰改事實、用概念來掩飾真相。就是胡適說的「打扮實在論」。（見《論人類的語言、論概念》篇）

（二）概念來概念去，不「事中言理、理從事出」——講理最好的辦法是用事實，這會省掉很多的違規運作，這就是我們常常講的「就事論事、實事求是」，這就是我常說的「事中言理、理從事出」，這就是伽默德爾說的「講理不要脫離實事」，我又加了一句，「不要概念來概念去」。且實情要越鉅細越好。這叫鉅細再鉅細。在講理中我們經常概念來概念去的，這是玩概念、耍嘴皮子、使小聰明。認知事物的基本物像是科學的，不要給政治說法迷惑；不要被劣質的形而上學迷惑。

（三）口是心非、言行不一——這是慣用的詐術，自歷史上出現了馬克思主義後，心口不一、口是心非、言行不一的「說一套做一套」橫行天下，反正這誠與詐藏著皮囊內看不見，就用這裡講的違規的講理伎倆來搗漿糊。邪惡的理論不但理論做得極左，亮堂堂滑溜溜，當外衣，在事實的身上一穿。而且不講講理的規則。

（四）你說你的黑，我說我的白——你揭你的醜、我讚我的美，你說你的黑、我說我的白，攪成「公說公有理、婆說婆有理」，這是動手動腳的「公說公有理、婆說婆有理」。攪成與你「風馬牛不相接」，「尿不到一個壺」。功可以抵過，但不能抵罪惡。這不是算數題，不能加減算出總和，有些成績是自然該有的，有的罪惡是不可原諒的。要在舉證中講「形成的形成、原因的原因、意義的意義」。

（五）極盡歪曲誹謗之事——佛教說「強者自度、弱者度人」。這是說，作為權力，重要在認知自己（自度），作為老

百姓，要正確的認知別人。不能歪曲別人的真意，更不能故意歪曲，把歪曲所得的意思當靶子來批判，把批判人家所呈現的理當自己的形象。這都是心中有鬼造成的、是政治心造成的。

（六）一俊遮百醜——表自己的一樁功勞（一俊）來抵賴自己所有的醜惡（百醜）。

（七）豬八戒倒打一耙——別人指責你的劣行，賴不過去了，就豬八戒倒打一釘耙。說別人也有髒，而且指責的髒不一樣，這種以攻為守的伎倆就能撇清自身的骯髒嗎？把別人說黑了就能證明自己白嗎？特別是政治，不認錯不言敗。一副不認錯的德行，所暴露的是不肯改邪歸正的心。

（八）理是說清楚的，不是用暴力「打」出來的——這話什麼意思呢？凡是仰仗權力的蠻力來解決的，這理肯定是講輸了。用暴力是「講槍桿子出『政權』」，出的是偽理、出的是勝負。槍桿子造成的是「冤案、迫害、殺人」。

權力在手就想動粗，用權力對人們威逼利誘，動用手中的權力資源、國家機器、軍隊，製造「冤案、迫害、殺人」不是文明，要人們臣服於「絕對理論」、臣服於淫威不是文明。

搗住人們的嘴巴並迫害，那就罪上加罪、這叫數罪並發。人與牲口最大的區別是人會思考「什麼是應然」、會講話講理，不讓講話講理不是要別人當牲口嗎？

不准別人講話，自己也不准講話；允許自己信口開河，就要允許別人講話。否則就是「只許官兵放火，不許百姓點燈」。這就是天大的不公正。

　　我倒不是冀圖邪惡的政治會聽話、遵循這些講理的規範，我的用意只是啟蒙大家注意邪惡政治的這些違規的講理行為，如有違規動作，講的必不是理，或這理似是而非，其中必有貓膩。這些違章違規的講理「邏輯」都是在強詞奪理，為的是以假亂真，胡作非為。

　　只是心中有鬼不肯認錯，不敢以醜惡的面目示人，於是就搗漿糊，用錯誤的「規則」來講理。所以從不講講理規則就能判斷是不是講理。

Part **5** | 應然與實然

應然與實然

上帝賜予人類智力和語言，
豈不知上帝打了折扣。
上帝為什麼要打折扣，只有上帝知道。
只有一種解釋——人只是一物種，是從動物演變而來。
這智力和語言大興得很，
撒旦又乘機塞給人類一個心鬼。

於是，我們人認為自己就是上帝。
「上帝」多了就吵起來、打起來，
世界就泡在了「洪水中」爭論不休、不斷冷戰和戰爭，
上帝又放下了一隻「挪亞方舟」——哲學。
哲學儘管是一葉方舟，
哲學家划呀、划呀，
沒發現掌舵的竟是政治，
紛紛的去為政治拎包做跟班。
於是，越划離綠洲越遠。

人類要自救，必須從認識自己做起，

哲學就是幫助我們認識自己的一門學科，
應然與實然是看清我們人的一扇窗戶。
人往往嘴裡說的是應然，
行為卻是與應然不符的實然，
特別是權力，說一套、做一套。
人只有認識自己，認識權力，才能上得了方舟，
然後划很長很長時間的船，到達綠洲，
綠洲、彼岸是在前方召喚的一個極點。
——〈聖之歌〉

I

在哲學裡有個很重要的理論，這理論有兩個很重要的概念，那就是應然與實然。應然與實然理論的應用性是多層次的，多個層面要用到這個理論，涵蓋了一切。

何為應然？何為實然？筆者在《頂峰上的哲思》一文裡說，人是講理的，那是因為人會思考、有理性的感知，孟子也談了這個問題，認為人有「四心」，這是人這物種所決定的。因為人，就產生了人的是非感、善惡感、對錯感……還有心思，這些感、這些觀是人與動物最大區別。以後，人就爭吵在什麼是對的、什麼是錯的涅槃裡。我們這五花八門的世界，像思想、理論、主義……就建立在思考與感知上，發展到後來，思想、理論、主義回過頭來反而想改造人的是非感、善惡感、對錯感……這樣，人與他的智力是在進化、還是退化？

　　我們不說遠，就說應然與實然吧，凡是天下事，交給人的心思考就分兩大類：應該的和不應該的，這些出自天然的感觀也敘述了應該的和不應該的。人的行為又構成了事實，事實就是物質樣的實在。上面有句話，「凡是天下事，交給人的心、思考就分兩大類：應該的和不應該的。」於是，這實然裡就混合著應該的和不應該的。實然就是真實情況。

　　人嘴裡吐出來的是虛的，不是事實、不是實在。人還有一種現象，嘴上說的是應然的，行為卻是實然的。也就是說經過人心，就會分出「應然的與不應該的」；經過人的言行就要分「應然與實然」。

　　我們人寫文章、一張口就是為了表達應然；一抬腳、一伸手就是實然。我們人並不是個全優品種，因為人是動物進化過來的。人是有原罪的，這原罪與動物性有關聯，是生物之罪，這原罪包括罪，和性能上的低陋。同時，我們人有認知性能、講理性能（見《頂峰上的哲思》篇），即上面所說的是非感、善惡感等等，像真理、上帝、理性、守則、道德、善良、甚至真實、客觀⋯⋯都屬於應該的；「三惡」冤案、迫害、殺人」、偷盜、詐騙、放火、強姦⋯⋯都屬於不應該的。

　　人的實然，應該和不應該是混雜的，實然即實在情況、即事實真相，成了事實想抵賴都抵賴不掉，如本體存在，更不能打扮成「意識形態」，這是想賴成「意識形態」。這就是應然與實然。

　　處處涉及到權力，權力的矛盾無處不在，權力像天籠罩大地那樣籠罩著我們。這就是為什麼政治和我們每一個人息息相關、處處涉及權力。所以，要劃分社會成份、要分等級，就劃分成權力使者與權力受者，即統治者與被統治者，也就是權力與人民。

　　還有一個真實情況，權力的所為如同說這個社會的「允許」，如同籬笆不個大洞、猶如河堤的缺口，牛羊會鑽出、水會氾濫，會成為社會的壞榜樣，社會就會效仿。所以，權力的「影響」無處不往、無處不在。

　　再竭力的掩飾、辯護，這樣一來，錯上加錯，連道德、廉恥都賠了進去，整個社會的道德喪盡。本來權力、政治行業的人性就差，語言又大興，就呈現兩大劣伎：為了掩蓋真相的醜惡，用亮堂堂的概念當事實；用理由搬過來當「理由」。這別的理由在人的手裡可作「理由」、作藉口、作辯解，把詭辯說成「歷史唯物辯證法」（越描越黑）。於是，應然與實然現象無處不在。

　　應然與實然的理論是解這個迷局的最好原理（哲學方法），用這個哲學原理來剖析天下事，這天下大半的爭執能釋懷。也就是說我們之所以道不清、說不明白，是因為不懂這應然與實然的原理、不會應用這個理論來解析，有慾無慾的違規，利大者，人更會不惜違規。──哲學也要去積累解題的公

式。這裡提醒一下聯合國，這才是聯合國的任務。不管事情錯對，都可找到哲學，都會得到哲學公式。

我們通過一個例子來瞭解這個應然實然理論：譬如，資本主義說人性「人不為己、天殊地滅」。馬克思主義卻說西方的資本主義把「人不為己」當信仰、當真理。「天殊地滅」是句嬉話，強調「人不為己」是人性的壞真相，且不擇手段。這是一句實然話。馬克思為了反對人性論、主張階級論，就把資本主義的實然話冤枉成說的是應然話，以便好攻擊資本主義唯利是圖，這樣一來，就顯示自己「不為己」的公心、是為了無產階級勞苦大眾利益，從而得到代表無產階級的金字招牌，其心裡的鬼是要利用無產階級為他造反奪權。為了顯示資本主義社會的錯誤、顯示「社會主義」的優越，變魔術般把資本主義說的人性實然真相話歪曲成信仰的應然話。把資本主義說成全社會追求私利，甚至追求到「人不為己、天殊地滅」的地步。然後再當靶子來攻擊，以此來證實「社會主義的價值觀」。

其實，「人不為己、天殊地滅」現象不僅存在在資本主義社會，更體現在權力不講制約的「社會主義」的社會裡，更集中在真假社會主義的權力裡。看來人這動物的社會進路必然要經過資本主義，社會主義也逃不出這個規律，我們這個講「消滅剝削的「社會主義」正向『權力──資本主義』裸奔。這句「人不為己、天殊地滅」揭示的是人性的實然真相，揭示真相是為了抨擊人的這種現象。作為實然真相，這話非常正確。但

把它當應然，那就成了大錯話。

是不是解這道題，應然與實然這個公式很好用？這僅僅是應然與實然理論作用的一個重要方面。

再譬如說，農民造反打的旗號是「替天行道」，這旗子上面的口號就是應然話，實然情況並非如此。人真能做到行道？這句問話裡有兩種情況：人怎能做到真正的、百分百、絕對的天道？這是說不明白的問題。這是一種情況，在這種情況裡，「真正的」、「百分百」、「絕對」，只能用來扯皮。另一種情況關乎人的「誠與詐」。

「替天行道」是應然，看的是誠，實然往往有詐，並不是在替天行道，而是在造反奪權，想贏得權力。用應實然原理，問題就一清二楚。不要去扯「真正的」、「絕對」、「百分百」，是不是「替天行道」，只要看「誠與詐」，只要心誠就算做到替天行道了，也就是應然了。詐，讓老百姓去為他奪權賣命，這「替天行道」不過是打個旗號惑眾罷了，實質是為奪權建立極權、特權，自己可做皇帝；這就是實然。

打的旗號──「替天行道」是應然；舉止行為──自己做皇帝是實然。應然與實然理論不但能識破實踐與理論間的真與假，這真與假的焦點就是「誠與詐」。誠與詐不是難以識破的，只要一兩個有價值的事實即可。

在我們這個世界裡，旗號、理論、主義、意識形態這種嘴上貨都是應然的，現行、實踐、事實卻是另一回事，這叫實

然。這就是普天下的「應然與實然不一」問題和現象。

　　由於本體的「樣品與成品」道理，理論與實踐之間，不會百分百的相同。用真正的、絕對、百分百來講理這是在扯皮。這扯皮的智力水平也太低劣了。由於自然力的關係，應然本來會與實然有所差異，這兩種情況的差異是不同的，我們極易感覺這裡的不同。

　　特別是馬克思主義，嘴上說得極應然，什麼「代表無產階級」、「代表人民」、「物質是不以意識為轉移的」。所做的實然是「意識轉移物質」。不注意「事實就是物質」。通過具體的事實，我們感覺得到這個主義唱的是真代表還是假代表，是誠代表還是詐代表。馬克思主義玩這樣的伎倆玩成精了：用應然的概唸作理論，竭力否認任何權力都需要制約，這不是嘴上一套「意識形態」所能管住的，實然決不會如應然的概念，也就是嘴上說代表人民、代表無產階級，實然真會真誠的朝代表人民、代表無產階級那樣去做。

　　這就是應然與實然理論的重要所在，這只是應然與實然理論的一個意義——一個很重要的意義。

　　在中學時，老師就再三強調要看清題目的求知。應實然的重要性就在此，在面對問題時，要求我們分清楚題目求知的是什麼？政治題雖不是數學題，但更要分清。要看清楚：求知的是真相還是真理。我們的爭執多半發生在這裡，不知道要省題。奇怪的是我們長大了、許多哲學家長大了，反而看不清題目要「求知的是什麼」？

　　應然出真理、實然出真相。應實然的重要性還在：真理的取向問題。這個問題都搞不清楚，我們怎能做對題目？人類的社會怎會進步？我們怎能不爭執？難怪我們把實然中的「流行或成功」當真理、當金言良語。結果，有病的成功當了守則──撒旦戰勝了上帝。

　　有的書裡把應然說成：應該、應當、理應、真際、自然法。把實然說成實際、事實、實在、真相。

　　我們再拿個題──「物質決定意識（物質不可為意識轉移）」用應實然原理來分析一下。這是一句應然話（即人認為這話是對的，可作真理、守則。而人所做的實然，往往是「意識決定物質（意識轉移了物質）」，「意識形態不同權力形態不同」就是典型的「意識決定物質（意識轉移了物質）」（見《這不是意識形態不同的問題》篇）。權力形態是許多事實的體現，事實就是實在、實在就是物質，事實就是實然、實然就是事實，上面說了「我們一抬腳、一伸手就是實然、就是事實」。這「意識形態不同權力形態不同」話是典型的「意識決定物質（意識轉移了物質）」。馬克思主義嘴上說一套應然話，實然又一套的現象多著呢。

　　滿世界都是這樣的結果：「應然是這樣，實然卻是那樣」。這種現象、這種錯誤不是解析不了，是完全可以通過科學解析出來的。其中一個公式就是應然與實然原理。

II

我們人類進入了應實然不同的年代，即「應然的概念、實然的事實」以及「『實然』替代實然」年代，一個只講詐不講誠的時代。

歸納起來這應然與實然的理論有以下幾點的應用：

1. 真理的取向問題。是取向實然還是取嚮應然？換句話說，守則是取向自然態還是取向自然法？實然要真實，只有實然真實了才能思考哪是對的、哪是不對的，才能思考出真理。所以應然出真理、實然出真相。

2. 但現在滿世界的「應然該這樣、實然卻是那樣」，詐是這裡的主要原因。

3. 發生了「實然」（注意，這種實然是有引號的），來替代實然。

4. 理解別人的話，不能把別人所說的實然話當應然話，也不能把別人說的應然話當實然話；自己的話也要注意。要看清題目、求的是應然還是實然。真相與真理是兩碼事，說的是實然與說的是應然，意義是兩碼事。

5. 自然態好比實然，自然法好比應然。自然法則是經過人的應然的思考，發現並沉澱下來的，只有沉澱下來的見解、方法才能進入普世價值。

6. 故意搞亂別人的應然與實然話是為了攻擊別人，這使

的是歪曲。這個原理不是憑空想像出來的，這是因為這個世界存在著太多的應實然之間的不符，才會有應實然理論。如果不用「應然與實然」的理論來打點，許多現象解不開，許多問題講不清，於是文明沒法長進了。

「實然」是我們用概念打扮出來替代實然的，實在被打扮後，應然就說不清，連「殺人、冤案、迫害」這種基本的善惡都說不清楚。因為用了「意識形態不同」。

應然實然截然不同的現象是怎麼造成的呢？「實然」與實然不符是怎麼造成的呢？

當然與人性、權力人性有關，但和我們的語言有直接的關係。我說過「語言是人類的福也是人類的禍」，我們必須重新認知我們人類的語言。

因為人的誠與詐，語言不是個誠實的工具，往往出於功利。語言往往與我們的意向、心術、心鬼勾結，概念打扮實在、打扮事實成「概念事實」。

III

何為實然，何為應然？

實然：就是人的現行、實際情況、人的實踐情況、事之實、真相、實在。

　　這裡要提到打引號的「實然」，這是不符實然的偽實然，就是胡適說的「經過我們打扮了的『實在』」。實然與「實然」都屬純粹的概念體系，都是得由概念來表達，但表達實然又是另一回事。實然雖然是髒兮兮的，但是由衷的表達才是真相。「實然」是經過心鬼考慮過的表達，是刻意打扮過的。

　　諸位看看下面那張圖就明白這個「實然」指的是人的心鬼用語害、概念編制的。因為真相（人的現行）髒兮兮的，就決不會拿本來面目示人，必打扮成「實然」來欺詐人，這就是胡適說的打扮了的「實在」，這打扮的工作誰來做呢？語言、概念來做。

　　應然：就是人認為對的、正確的。
　　這裡有人之良好的心念、人之心向上帝，上帝是美好的總理念。有的心理哲學家說，這是人「一種向上的心理」。是人心的朝向，凡事的正確那個模樣，可當真理、可當守則，是要求人努力去做的。

　　還有一個分別應然與實然的辦法：凡話中可加要、應該，講的是應然；凡是話中不能加要、應該，講的是實然。

　　以下這張圖表能幫助我們理解應實然理論：

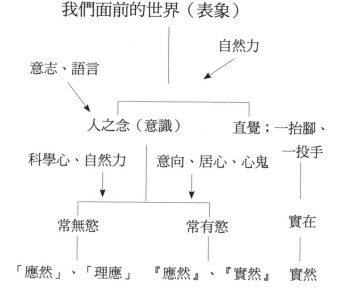

（注意理解這裡的雙引號、單引號和無引號。）

註解：加雙引號『』的，是假應然。

帶單引號「」的，有真有假。

不帶引號的，是實在、事實。

IV

世界上許多國家名字都帶上「人民共和」這個概念，把自己的權力打造的國家穿上這件制服，好否認本來面目。為什麼要叫做人民共和國呢？因為人民共和國這個概念帶著應然（正當）的理義，這說明國家應該人民共和性質，這就是大家的心

願，國家應然那模樣。

　　但實際上某些國家的實然並不是這麼回事。這國家（權力形態）明明不是人民的，也不是共和狀況，卻要掛靠在這個概念上，這樣，在「拳擊場」上就不會輸給對手，這好比給實然（事實、狀況）穿件外套，給人以概念所表達的形象，變本質不是人民共和國為人民共和國。

　　然而，這「事實」是個語言製作的仿製品。這就叫概念與事實不符，應然與實然不符（即表達成了「實然」），這叫打扮實在，只是國家穿了件人民共和的外套。這種現像在世界政治上比比皆是，實情（實然）卻是人民的自由只是國民在權力的鞭子下的依附。

　　只圖──嘴上理「不輸」（編按・強詞奪理的意識形態）、權力就不垮，因為文明不高的國家人民吃這一套。

　　「人民」、「共和」這樣的概念是西方國家為了講民主講出來的，但是西方國家卻沒有一個國家把這些詞加在自己國家的頭上。有趣的是，所有強權的國家、「社會主義」國家沒有一個不把這兩個詞用在國名上。這是什麼原因呢？國家是不是人民共和，西方國家是人民說了算的，東方社會主義國家是權力者說說就可以算數了。

　　再，譬如說「解放」、「新XX」、「人民政協」、「人民代表大會」、「人民法院」、歷史唯物辨證法，都與實情牛頭不對馬嘴。也就是說，用這些應然的概念製作一個子虛烏有的「實然」來替代現行的實然，說簡單了就是讓人們把應然的

概念當實然的事實。

V

現在我用世界上最恐怖的特大冤案，一九五七年中國的反右運動當教材來說這應然與實然原理：

當時的反右鬥爭是以這樣的定論烙在了中國史冊上的。六、七百萬右派和幾千萬的家屬就這樣釘在了歷史的紅色棺柩中。把七百萬改寫為三百萬。六十年過去了，至今還不老實。

當時的真實背景，也即客觀事實——實然：

六十年前，毛澤東的人格魅力已經在黨內漸漸喪失，他天天在抑鬱燥亂中寢食難安。他本來就是個居食無定之人，這下，煩鬱得躺在床上不起來了，整天轉腦子，尋著法子想把局面扳過來。又想到用黨內整風這個法子。

1941 年他曾用整風這個法子整倒了王明和黨內的所有對手。那次搞的是黨內自己整風，然這次再搞整風情況有所不同了，靠黨內的力量是不行了，大家都和他分崩離析。雖沒有分崩離析那麼嚴重，但失意是無疑的。於是又用上了他的絕活，讓群眾幫黨整風。打的算盤是，挑動群眾向占居在行政部門的對手攻擊，用人海戰術讓蒙在鼓裡、缺智少識的民眾為他披荊斬棘。誰想風向轉變，火燒到他的屁股上來了，燒到他的黨、他的一黨執政上來了，有識之士把火燒到封建政體上來了。

這也說明，他以為他建立的政權很「人民」、很「時髦」，腦子裡壓根兒不以為是封建的，或者他的腦子本來就是

以封建王朝為然。沒想到現代的人民（指有點頭腦的知識分子）已對封建王朝深惡絕痛。一看形勢不妙，再整風下去，共產黨這只封建新船要翻了，於是還是他，短短的幾月，兩次最高國務會上說話出而反而，變鼓勵群眾幫黨整風為反右鬥爭。

這兩次的話是這樣：

1956 年毛澤東在最高國務會議上號召群眾幫黨整風，1957 年二月二十七日，毛澤東在擴大的最高國務會議上說：**「天下無罪，罪在朕躬。」** 為此感動得張治中這個國民黨的叛將淚湧涕零，像哈巴狗那樣大呼毛澤東偉大，今古聖上絕有。毛澤東亮心瀝肝地鼓動群眾給黨提意見。見群眾興趣不大，1957 年三月六日，又在中共中央召開的全國宣傳工作會議上再次號召群眾幫黨整風，提出「百花齊放、百家爭鳴，大鳴大放、知無不言、言者無罪。」這下子群眾被鼓動起來了。正當群眾信以為真，大鳴大放，大夥兒幹得十分起勁！可沒過兩個月，到了五月，風水急轉。他沒想到老百姓對共產黨的統治這麼不滿！

於是，毛澤東把胡喬木臭罵了一頓說：「⋯⋯沒有能力辦報就應該辭職。」後來社長易人，辭了鄭拓，換了吳冷西。於是，1957 年六月十九日毛澤東在最高國務會議上的講話刊登在人民日報上，講的是「毒草肥料、引蛇出洞」。

「一、有利於團結各族人民，而不是分裂人民。二、有利於社會主義改造和社會主義建設，而不是不利於社會主義改造

和社會主義建設。三、有利於鞏固人民民主專政，而不是破壞或削弱這個專政。四、有利於鞏固民主集中制，而不是破壞或削弱這個制度。」

——這就是一九五七年那場反右鬥爭的那張皇榜。

民主黨大叫上當，說這是陰謀。他卻居高臨下，拉下黑臉說：「我叫你幫助黨整風，叫你鳴放，誰叫你反黨，向黨進攻，奪取政權？我叫你們不要這樣鬧，鬧了不好。這是事先打招呼，是陽謀、還是陰謀？」

「幫黨整風、反黨反人民」，「鳴放、奪權」，「百家爭鳴、牛鬼蛇神」，「百花齊放、大毒草」，反手是雲、覆手是雨，乃天下第一無賴也！

就是這個御旨，製造了驚天動地的天下第一大冤案。天下的冤案往往都是如此：用一個應然的理，而實然並非如此。這是一出玩文字遊戲的大傑作！

豈不說出爾反而，前後不一、前說後變；豈不說皇帝陰得連無賴潑皮都不如。這裡的應實然不符得太出格了。不知道這個人模狗樣的張治中叛將這時還叫得出「毛澤東偉大，前無古人，後無來者」這類令人起雞皮疙瘩的話。實在天真得無恥、無恥得太天真了。

第一、應實然的不符就是反右鬥爭這名號上，這名字怪應

然的。應然在右字上，經過洗腦，「右」字裡有莫里斯「指號」——狗的條件反射。既然是右派，反右理所當然，這就叫應然的概念，但實然究竟如何？是不是該定為右派？怎麼定的右派？我們的智力是把毛澤東的唯心定論當作了實然，實際上是出於毛澤東的心鬼用概念製作的「實然」。接下來發生的事只是順水過程——狗的條件反射，「右」字會帶給我們指號，就是反黨、反共；反黨反共就是反人民、反社會主義，就是反動派、反革命、反無產階級專政就是人民的敵人。那實然是怎樣的呢？許多人士反對的是工作錯誤和工作作風、甚至是單位領導人的錯誤、是各有具體的事實與實情的。

這裡有很多的哲學問題：毛澤東把個別的官員和共產黨等同了起來，把對事不對人的問題論為對共產黨不滿。這是他不懂起碼的哲學知識呢？還是在要權力的無賴？共產黨怕的就是這些有識之士的見識。所以，為了政權保衛戰，便大興土木的開始整人，還搞莫須有的政害運動，搞成六七百萬人打成右派的大運動，卻說被打成的右派只有六十萬，又有誰敢調查呢？大搞歷史上少有的「冤案、迫害、殺人」。在前面第一篇文章裡說了，這是人類的三項大惡。他一人能殺千萬人，他一命能抵千萬條生命嗎？

但這幾百萬人是右嗎？說成右，實然不是右，這幾百萬中至少一大半以上可正（誠）得很呢。這是毛澤東玩的是文字遊戲，是給這場政害運動穿上概念的制服，給這幾百萬人穿上右派的制服！是他自己形左實右。這詞如不加追究，真要天殊地滅了。這話製造了一個「實然」，要說幾百萬人裡誰是右，就

得看事實，他們提了什麼意見，這些意見是不是中肯、是不是真是右。（也許當局會藉口「辦不到」，事情為什麼會矯情成這樣？因為他自己就矯情！）這就是概念與事實不符、應然與實然不符的鐵證。這右，不能從反不反共產黨角度來論，更要以一個個案例中的事實來論！不是看反不反共產黨，而要看共產黨幹了些什麼。該不該反對下面那些共產黨的官員得看這些官員做下的事實。要讓事實說話！！！這是世界上最大的一起應然與實然不符事件。

　　——不顧事實真相說成右，是欽定，是唯朕論。

　　第二、應實然不符是幫黨整風。從事實來看，明明是黨內權力鬥爭，爭權奪利、狗咬狗；是他想鼓動氓眾鬥倒黨內他的政治對手，扳回他的頹勢。說成是整風，這整風不能整他自己，只能整他人。這就是心中有鬼的概念與實情不符，應然與實然不符。是黨內爭權奪利穿上幫黨整風的衣服。

　　第三、應實然不符是他嘴裡那些詞，「毒草」、「蛇」、「牛鬼蛇神」。毒不毒、蛇不蛇、鬼不鬼，這些概念與事實都得講符合不符合，都得講應然符合實然，都得就事論事。

　　第四、應實然不符就是那皇榜上的用辭：「有利於」、「不利於」；「團結」、「分裂」；「社會主義」、「人民民主」、「民主集中制」，這些概念與事實都存在著應然與實然間的巨大不符。既然事實完全不同，就不能用這些概念，這樣

的皇榜就不能昭告天下作法令。整篇規定都竭盡應然與實然的不符。利不利團結、是不是分裂，不是誰說了算的，天安門上掛的是人民共和國，即然掛的是人民共和，就不能權力說了算，要法治！什麼年代了，還一言九鼎，毛澤東這個人一身的封建氣。

第五、應實然不符是「陽謀」、「陰謀」。「整風」、「鳴放」、「提意見」、「反黨」都得用事實說話，概念與事實必須講符合不符合，不能一提意見就是反黨。一提「反」黨就是反動、反革命和右派。作為手握生殺予奪權力者，每一級官員、每一個官員都不能草菅人命，在六字三惡面前必須縝之又縝，因為權力是人民給的，人民上交權力是為了權力為人民服務的；因為權力亂殺一個無辜就會殺更多的無辜。必須深講這裡的應然與實然，有天大的功也不能大行三大惡。至於「陽謀」「陰謀」，當初要群眾提意見，急火攻心；後來又說「引蛇出洞」這還不是陰謀？前面說「大鳴大放、言無不盡」，最後反攻倒算，卻扯謊說自己說了「你們這樣鬧不好」，鬧什麼意思？又是文字遊戲。這不是看點、追究的點，而是要看、要追究的是共產黨或共產黨的官員做下了什麼！

這場災難不只是六、七百萬右派分子的命運代價，而是整個中華民族的代價。這個民族的椎骨斷了，造成社會的結弊是空前的。從此不敢有人反對一個幹部，這又會產生怎樣的惡果？絕對的權力！早期共產黨的英烈們的血白流了，人民的血

白流了，民族的血白流了。中國又回到了一個最黑暗的封建朝代裡，沒一個王朝能冤死過這麼多的人與數不盡的菁英。

傳奇的是中國歷史，多少次總是把精神上有問題的無賴推上皇帝的寶座上，也可能權力是造成無賴的發源地的原故吧。愛因斯坦說得很精闢：「天才的暴君總是由無賴來繼承，這是一條千古不易的規律。」

這是一個偉大的科學家發現的定律，他是從權力這個基本物象中思索所得，話中的無賴不是用來罵人的。我本著醫心說：醫書裡，病因學沒說皇帝不會得天花、花柳病、精神病，也不可不就是無賴，皇帝的患病機率只會比一般人更高。特別是皇帝這類的領袖，如果不斂點，品行怪辟，連一般人都不如，只能尊稱為無賴。說毛澤東英明偉大我看他只是比他人厚黑、性格上的厚黑。天才往往有精神病，中國必將被他搞得像延安整風運動那樣——風聲鶴唳。

毛澤東是個強詞奪理的專家，這本事無人能及，他要的就是牛頭不對馬嘴，出自心鬼來用概念，完全不顧應然與實然的原則。上面的反右實然能讓我們懂得心鬼是怎樣利用語言中的概念，製造應然與實然不符。

概括的講這應實然原理：概念是給事物穿制服。穿了制服的實然變成了「實然」。心鬼就是這樣強詞奪理的。胡適講的

「實在由著我們打扮……」更由著權力打扮——這講的是人的實然，作實然真相，這句話成立，但用作應然，這話不成立。

　　理是應然的，實然不是理；
　　嘴上說的是應然，現行是實然；
　　內涵是應然，外涎是實然；
　　概念用應然，事實是實然；
　　招牌是應然，貨色是實然；
　　羊頭是應然，狗肉是實然。
　　最後是牛頭不對馬嘴、強詞奪理、指鹿為馬……

Part 6 雑說宗教

雜說宗教

　　人類的許多概念起初的定義都很恰當，到後來有許多概念的定義就翻炒得一塌糊塗了，與此對應的事情就更說不清楚。很多後來人，資質平平，卻自視很高，不負責任地亂放一通，不僅畫蛇添足，壞了一個理，而且這種「高見」一多，魚龍混雜，把個真知的光芒給比了下去。然而誰來說他們的不是？誰來說這是真珠、那是狗屎呢？無人，也不便指責，就是有人指責也無用。世界事，有人反對就有人支持。這產的狗屎越多便成高人。世界卻越臭，資質平平的人會把臭的當成香的，香的當成臭的，這是由智力決定的，一般人的智力並不高。提高智力首先要謙誠，意志是自己的、獨立的，要心靜靜的思考，外加善於學習，長久以往、鍥而不捨，這智力就會提高。

　　要治這種惡病，還是我那句話──充分討論。

　　幾乎我們每一個問題、每個句子、每個概念、每個理都沒得到充分討論，也因為沒得到充分討論，離充分討論的境界差得甚遠，所以每個句子、每個概念、每個理的角角落落都會出狀況，這世界越來越臭，聞慣了狗屎，就不覺這臭味有什麼不

對了。如：「意識形態不同就權力形態不同」，這種屁話大家居然還信了。

我相信越討論，問題越明白，偏見、「高見」裡的犄角拉看得一清二楚。

人類在語言的漿糊桶裡搗了這麼久，就分析哲學裡的幾個哲學家研究到人類的語言身上，這漿糊桶裡還有其他的貓膩呢，至今沉睡著。

就談宗教，怎樣認定宗教，怎樣認識宗教，怎樣給宗教下定義，就五花八門成 48 種。

下面是世界上傑出的大師們論的宗教定義：

是原初，古典哲學家們認為的宗教（Relegere）。

西塞羅說：「演習、痛苦地執行。」Relegere 原意是「重複讀、反覆唸」。

有的認為：意為「結合、合併」。

有的認為：Relegendo 意為「勤奮、整頓和執行」。

這是從事物的事實來下定義的。

近代的大師們給宗教的定義：

英國著名的史學家阿克頓說：「宗教是歷史的鑰匙。」

美國宗教學家彼得・貝格爾說：「宗教是人建立神聖世界的活動。」

宗教思想家蒂里希說：「宗教是人的終極關切。」

被譽為當代第一流的文化史大師的克里斯托弗・道森說：

「甚至一種很明顯地屬於彼岸世界的,似乎是否定人類社會所有價值和標準的宗教……」

……

漿糊越來越濃。漿糊桶裡沉睡著什麼「貓膩」呢?沉睡著一把鑰匙,開啟一扇「玄之又玄」的鑰匙。

宗教怎麼會搞出 48 種定義來的?研究過這 48 種定義的來頭嗎?這 48 種定義分兩種來頭:一種是從應然而來;一種是從實然而來。應然是把宗教這個概念理想化,就像把宗教畫美點;實然是寫生畫。追求的是真實。說得體面點,也可說成理想主義與現實主義兩大風格。

尤其是理想主義風格,逃不出胡適說的「打扮實在」。也即實在。雖然沒有明文規定,作為定義,沒說把宗教畫得很美就不能當宗教的定義,也沒規定只能把如實畫的宗教當宗教的定義。宗教這個概念是從現實中的宗教裡來的,所指的對象應該是現實中的宗教,這是一道求真相題,不要我們去「打扮實在」。

這兩種表達的宗教,現實意義是不一樣的。一種在美化現實裡的宗教,一種在如實的表達現實裡的宗教。給現實裡的宗教下定義如同不打扮實在的宗教,因為宗教理想化對現實中的宗教有掩飾作用。不利於現實宗教的改錯。這樣做還會囚禁人們於有原罪的現實中的宗教,也就囚禁人對現實中的宗教的看法和提意見,有利於現實中的宗教極權。我一向認為認錯改錯

是走向真理、上帝的第一步。

只有遠古的哲學家是從實然真相來定義宗教，進化後的哲學家都走岔了，還以為高出古代哲學家，從升級版的宗教、從應然的理念來定義宗教，人類智力反而走叉來，用理想當了事實的「定義」。這實際上是把「要求和目標」當了定義。把應然的「定義」作了事實的真相，這做法已氾濫成災。不由想起胡適的話，「實在是個聽話的小姑娘，由得我們打扮……」

人類的每檔事上，它們（「常無慾」、「常有慾」──老子語）都會作祟，由於它們在作祟，我們的問題就扯不清，不是出這樣的問題就是出那樣的問題。這就是老子預言的「玄之又玄，眾玄之門」。

接下來，我們人類的智力犯了更大的錯誤，該把哪種認定作為我們的原則呢？或說成行動的指南呢？結果把現實中的宗教當成了應然定義中的宗教，於是對實然中帶著骯髒的宗教頂禮膜拜，一臉奴相。這個問題在現實的政治裡普遍存在。用漂亮的概念來表達骯髒的實在。認人們對骯髒的現實頂禮膜拜，對骯髒的權力一臉奴相。

我認為胡適的「打扮實在」的話太重要了，應該寫進學校的教課書裡。胡適的這段話見文章《馮友蘭的哲學很牛嗎？》以及《本體論的意義──唯心與唯物之爭》。

在我的文章《應然與實然》中，多次強調：實然是真相，它如同自然態，不能當守則、不能用實然的宗教來囚禁我們的思想；應然不能當事實真相，應然出的是真理。這大錯特錯的

過程是這樣的：先把應然的宗教定義指代實然的宗教，把宗教打扮得漂漂亮亮，再用這打扮得漂漂亮亮的「實在」，即現實中的宗教來約束我們。這就看出為什麼要用應然的理念當宗教定義的居心了。

宗教定義的混亂是不懂應實然的原故；不懂得審題求的是真相還是作原則的真理。這就出現宗教的定義有 48 種。

我們可以這樣來區分講的是應然話還是實然話，是說的真理還是說的真相。凡是可加要、應然的，講的是應然；凡是話不能加要、應該的，講的是實然。

我認為，下宗教這個概念的定義，首先要明確是真相題還是真理題。

1. 我們首先應該明確，所談之宗教是現實中的宗教（事實真相）。因此概念和定義要符合現實中的宗教。

2. 因為所議之宗教是實在的宗教，所以不該變成理念中的宗教，什麼時候該用升級版的理念宗教？在要求現實中的宗教時，這樣版才用得著。這就是概念的兩大屬性──應然屬性和實然屬性。各自的價值天差地別。

3. 這兩種概念都有一定的意義，我們在使用時有嚴格的講究。要講究什麼地方該用應然、什麼地方該用實然，也就是審題，題目要求的是真相還是真理。應然與實然完全不同，它們往往是犯沖的，我們不能亂用。

4·古典哲學家們下的宗教定義比較貼切，他們不打扮實
　在。他們在講實然中的宗教，給實然中的宗教下概
　念，沒給實在打扮，這樣的概念反映的是事實本質，
　宗教的真相在實然。

5·近代大師們的定義有點離譜了，他們把宗教理想化，
　再來替代現實中的宗教。然後教人們達到對現實中的
　宗教的敬仰。這裡有個「狸貓換太子」的過程。

　　近代這些大師，有的說得有點玄乎，有趣的是英國的歷史
學家阿克頓爵士對宗教下的定義，他把宗教定義為鑰匙，這話
既可當應然又可當實然，這把鑰匙打開歷史之門後讓我們看到
什麼呢？這等於什麼也沒講又像是講了什麼。這句話不像他說
的「絕對權力絕對腐敗」那樣著名。我認為宗教不是鑰匙，倒
像是一閃門。

　　現實中，宗教在羨慕政治權力，它搞的是另一套統治與被
統治、強制與服從。它要控制人們的精神信仰，這種權力阻繞
人們探索真相和科學，並通過庸俗的形式與方式來實現，這就
是西賽羅講的「重複演習、痛苦執行」。這難道是阿克頓要我
們明白的鑰匙？它是製造權力的另一條路數。

　　彼得·貝格爾說「宗教是人建立神聖世界的活動」，這話
是從應然的理念來談宗教的，如果認為阿克頓的話是中性的
話，那蒂裡希說的是左派話。道森的話比貝格爾更說得稀裡糊

塗。道森的話認為「宗教似乎是否定人類社會所有價值和標準的宗教」。這話是說不能把「人類社會所有價值和標準」看作上帝性質的。

先解讀貝格爾的話「宗教是人建立神聖世界的活動」，實然中的宗教像他所說？既然現實中的宗教是「人建立神聖世界的活動」，這不是和道森講的「宗教似乎是否定人類社會所有價值和標準」自相矛盾嗎？和「人類社會所有價值和標準」性質不是上帝性質的存在也相矛盾。

還是那句老話：「什麼東西到了人的手裡就會生出兩面，可好、可壞。」西塞羅的定義最形象、最本質，他的定義就被後來的定義湮沒了。

宗教無非是人類智力缺陷的情況下，要人類圍著權力的火，跳忠字舞（編按‧忠字舞即文革時代於廣場或遊行時歌頌毛澤東的群眾舞踏）。宗教只是幫權力一把或想分一杯羹。

Part 7 | 內涵與外涎的哲學盲區

內涵與外涎的哲學盲區

　　我發現同樣一個理論有學術前期與學術後期之分，也就是說一個理論的內容前階段到了後期階段，看有沒有需要變動，看有沒有需要補充、甚至重寫。道理很簡單，人的進化無常，不一定朝好的方向進化。再說，學術理論越做越精，郭沫若有句話說，「文章是改出來的。」學問越改越完善有什麼不好呢？而且會有精彩的發現，寫哲學，這體會更深。自以為寫透了，其實不然。與人多討論甚至與人爭吵都會有新的收穫。再說，世情隨著人的進化變化，相應的內容就要改寫。所以學術理論，會有前期後期之分。

　　現實的狀況有了不同，理論裡的內容要作相應的調整與補充，甚至要更改。真相變了，求真相的題的答案就得變，這樣才能更新我們的認知，以尋得真理。理的條件變了、理境變了，所應用的理就得重寫，這符合「理境三明」的原則。

　　波爾‧羅雅爾的內涵與外誕理論就必須分學術前期與學術後期，這理論的前期最大的價值在發現，就像發現宇宙裡的一顆新星那樣，就像發現了一種新物質。接下來再不斷的打磨它沒壞處。波爾‧羅雅爾發現了「一個問題」，即「實在」裡的

內涵與外涎，特別是「概念」、「理論」、「主義」……的內涎與外涎，實際上是理論與實踐的暱稱。波爾・羅雅爾說「內涎與外涎都反映了事物事情的特徵」，拿到今天來講、來用，就不完善了，至少要補丁。

　　現在不同了，世道變了、人的狀況有了很大的變遷，人過物非，現在的人越來越功利，言行不一，實踐一套、理論一套，到處瀰漫著說一套做一套的味道，還詭辯連天。我們人已進入詐的年代，內涎與外涎往往是南轅北轍，還怎麼可能同時反映了一個事物的特徵呢？還老實巴幾作科學學問，做出來的知識就有了哲學盲區。要說清楚這裡的奧妙就要涉及應然與實然原理，現在的實然（狀況）與那時的實然不同了，現在再講誠就不可活了，準得吃虧，於是社會、權力、人心處處在詐，誠越來越少，我是個老人深有體會，活在這個年代裡，動不動就遭詭。尤其是政治和權力越來越詭異。所以內涎與外涎南轅北轍的現象比比皆是。

　　波爾・羅雅爾說的「內涎與外涎都反映了事物事情的特徵」這個說法已過時了，它等於在說理論等於實踐。對權力而言，在地球的另一半，理論與實踐完全是南轅北轍。波爾・羅雅爾的內涎與外涎的定論只能成為對世道的要求、守則，做「應然」來鞭策當今世界。不能作斷語。波爾・羅雅爾發現內涎與外涎是個哲學貢獻，但不能說成「內涎與外涎都反映了事物事情的特徵」。這個說法做學問還可以，但絕對不是現在的真相，至少不是地球另一半的真相，現在這話只能當原則、當

真理。既是說應然的話，最好句中放個「應該」、「要」這樣
的詞。

　　過去的理論與實踐之間關係理論講的是個誠字，過去做學
術都學究氣，從學問出發，這算做學術的第一階段，自從權力
越來越風光後，再加上功利主義的蠱惑後，越發走向功利，越
發從政治心出發，這是權力的心鬼。大家只知道「實踐檢驗理
論」，不抵防這個詐字，不知道看權力看這個詐字。現在，理
論是理論，實踐是實踐，風馬牛不相及，還大相逕庭。也即理
論一套、實踐一套。理論成了騙子，是打扮實踐用的。

　　對付權力的詐，現在要強調「實踐指導理論」。權力出於
心鬼、出於詐，嘴上說的是「實踐檢驗理論」，這實踐能檢驗
那理論嗎？「這」和「那」根本不配套，是兩家的，這種情況
只能檢驗「誠與詐」。這是「應然一套、實踐又一套」，這是
詐！如今更要講「理論指導實踐，實踐要體現理論」。

　　用內涵與外涎更能說清點，這要對波爾‧羅雅爾的「內涵
與外涎」理論作些改動，要說清楚當今世道實狀是內涵與外涎
南轅北轍的現象多，一致的現象少。外涎根本不是內涵這回
事，不作調整，就會成哲學盲區。內涵與外涎如同奸商給商品
做廣告，大家知道廣告不等於貨色。當今世界，波爾‧羅雅爾
的話只能當應然的要求、守則來看。──「外涎是真值，外涎
與內涵要互相忠於彼此，只有這樣，兩者才能反映事物的特
徵。」也就是不僅是「實踐檢驗理論」，還要講「理論指導實

踐，實踐要體現理論」。

「應然與實然」、「內涵與外涵」這兩套原理人都用得著。內涵往往體現的是應然，從來沒見把內涵做成醜惡的。也沒見過應然是反動的，只見過現實中的內涵很極左。這兩套理念異曲同功。

首先，如今，不止概念有內涵與外涎的區別，其他事物也有內涵與外涎，只要有概念與事實的兩者（地方）。如主義、作為綱領的理論、主張、哄人的意識形態等都存在著內涵外涎問題。因為誠與詐，現在，「理論指導實踐」的問題要大於「實踐檢驗理論」的問題；由於功利主義的功利，現在突出的是「實踐忠於理論」的問題，突出的是實踐忠於功利的問題。強調「理論指導實踐、實踐要體現理論」對世道沒有什麼不好，這是在要求權力在實踐理論時首先要誠。「內涵與外涎都反映了事物事情的特徵」的先決條件是「外涎首先要忠於內涵」的誠字。現在的內涵與外涎已與過去的內涵與外涎間的關係有本質的區別。必須說清楚之間的原則與真相，否則就成了哲學盲區。現在關於理論與實踐的理論不能偏面，要同時提「理論指導實踐，實踐檢驗理論」。

波爾・羅雅爾說的只是用內涵與外涎這兩個概念還與「事轉概」、「概轉事」這兩個程序有關，（關於「事轉概」、「概轉事」見《應然與實然》篇），也是給「理論與實踐」裡

的另部件取名，也是幫助把「理論與實踐」、「應然與實然」說得更透。三者都能說清當今世界越來越突出的「言行不一」現象，並彌補了人們一個極大的盲區。這三者有協作的作用。

可以把這對概念引申到主義、作綱領的理論、主張以及權力等事物上。內涵與外涎是事實中的另部件。但內涵與外涎要作修改與補充，要把波爾・羅雅爾內涵與外涎理論說成現在版的，即學術後來版的。

波爾・羅雅爾的錯誤在「內涵與外涎都是對象的特徵」這句話上，當內涵與外涎不一時，哪個才是對象的特徵呢？他等於在說：兩者都是這主義的特徵，都代表主義。他忽略了這一點，主義、權力會使詐。波爾沒有理解概念與事實之間應實然現象，也就不會理解內涵與外涎裡的詐，這樣會把世界拖進災難裡。

要用內涵與外涎來說概念，一定要懂人性，要懂權力人性、看清權力的基本物象，還要懂得概念與事實間的「應然與實然」現象！

波爾・羅雅爾的內涵與外涎有其獨道之處，不管是內涵忠於外涎、還是外涎忠於內涵，它倆的關係必須增添「忠於」這兩個字。這在「應然於實然」這個理論上，就無需多了，字面表達已排除了這種混亂。

用波爾・羅雅爾的內涵外涎理論，必須要正確理解以下幾點：(1)「這兩個概念都反映事物的特徵」。這句話會造成混亂，既然反映的是同一事物，兩者就應該大致統一。要麼在句

中增添「應該與要」，以示這是要求。(2)當內涵與外涎不一時，哪個才是對象的特徵呢？「外涎是真值」，這說的是「外涎是事實，事實是實貨」。(3)不光是概念裡有內涵外涎現象，如主義、作綱領的理論、主張這類事物都有內涵外涎現象，即凡是由人付支行為的。

波爾・羅雅爾根本沒考慮到人的誠與詐；「居心」、「心鬼」。人有「能動性」（羅素說馬克思的話）。實然中這兩者在心鬼的驅使下可表現得完全不同，這「說一套、做一套」會使內涵與外涎完全不同，波爾・羅雅爾的斷語「內涵外涎都可認為反映同一對象的特徵」就破產了。

有的主義，特別是馬克思主義就利用了這一點，「內涵外涎都可認為反映同一對象的特徵」，又加上「外涎是真值」的一句，它們就格外的使詐格外的「說一套、做一套」，用做一套達到它們所要的真值，又用說一套的內涵來替代外涎、替代這個主義的真身。它們既要到了真值外涎，又用內涵來替代外涎。即內涵用來騙人，外涎達到了它們的目的。於是這個主義拼了命的做好內涵，而真身反向運動，走向皇權、極權、特權，走向必然的腐敗與濫權。

內涵和外涎這兩個屬性，和應然與實然一樣，在人的手裡、在權力者的手裡，也已發生了不符合、不一致的情況。內涵不是這外涎的內涵，外涎不是這內涵的外涎；事實不符理

論，實貨不符貨名。那桃花結的不是桃子而是苦果，這花還叫桃花嗎？這樹還叫桃樹嗎？這花結了不是這花該結的果，不見了花與果之間的天則。實然中內涵浪得虛名，而應該體現內涵的外涎完全不忠內涵，成了另類。這符合天則嗎？內涵猶如理論，外涎猶如現行。現在倒好了，依仗著「內涵與外涎兩者都可反映對象的特徵」的說法，外涎殺了內涵，喧賓奪主、取而代之。

　　理論一套、現行又一套。人類又跌進了應然一套、實然又一套的涅槃裡。口說一套為內涵，現行一套為外涎，內涵與外涎，南轅北轍，牛頭不對馬嘴，卻根據波爾・羅雅爾「內涵與外涎都反映事物的特徵」的立據，這勃理默默地認可了南轅北轍的統一，「意識形態不同權力形態不同」就是這種錯覺的體現。

　　實然要符合應然，外涎要符合內涵。這講的是「理論指導實踐，實踐要體現理論」，這才是表裡一致。我們只知道主客觀之間要講符合，卻不知道應然與實然、內涵與外涎的原則也有「符合」這個天則。

　　凡是主義或權力，不管如何強調代表人民、如何強調為人民服務，理論與行為之間必須「絕對對應」，對應不對應講的是忠誠。

　　實然成了應然、外涎成了內涵，這是「應然替代實然」的別一齣戲——掛羊頭買狗肉。

　　這樣的結果，造成有些研究系、研究所、研究院，專用蜂

蜜來做理論，當主義的內涵。內涵做得精彩絕倫，錦上添花、天衣無縫、滴水不漏。不僅能當外涎，還能掩飾辯護外涎。內涵如同漂亮的外衣，穿在外涎身上，可打扮醜惡的外涎成美女。還能把我們的爭論從外涎引開，轉向內涵，思考這內涵的是非對錯來。放過了牛頭不對馬嘴的外涎，放過了一問「這現行能做這內涵的外涎嗎？」我們不在實貨上挑毛病，卻在理論上挑毛病。如同在廣告詞上挑毛病，如同在雞蛋裡挑骨頭，我們像白痴那樣與心鬼打交道。

我們的智力再次體現了動物般的低級。因我們的老是愚昧，忘記了「事實勝於雄辯」的話；忘記了「聽其言觀其行」的教訓。

胡適倒是早就提醒過大家，他說：「實在是個聽話的小姑娘……」胡適說的實在就是事實、現行；就是外涎。

挑了件西裝穿上就是紳士？理論、內涵寫得再好只是件衣服，人的所為、主義的外涎才是這主義的真身。

那些理論研究所、研究院懷著心鬼、一天到晚為其老闆做內涵，懷著政治心搞哲學，研究如何強詞來奪理，讓老闆的外涎穿著冠冕堂皇的內涵，這些馬列研究機構埋頭編撰老極品，找漂亮的內涵當外涎的託詞。說白了養在後院，都是從理論上維穩用的。

這個「店」是專門做馬克思理論風衣，給馬克思主義的權力披的裁縫店。

　　所謂的理論編輯部、研究院，把理論做得精緻絕倫，目的
要把應然的內涵作實情的外涎，用理論作自畫像，就像駝鳥把
頭埋在沙堆裡，把屁股露在沙堆外。

Part 8

這不是
意識形態不同
的問題

這不是意識形態不同的問題

我們一邊說「物質決定意識」、「意識不能轉移物質」，

有意無意的幹著意識決定物質、意識轉移物質。

我們連什麼是物質、什麼是意識都分不清，

也從來沒探討過什麼是物質，什麼是意識，

怎麼不顛三倒四？

有些事物我們沒當物質，而把意識看成了物質。

沒想到我們的困惑，居然會出在這麼基本的問題上。

怎麼會出這種低級錯誤？

這個錯誤要「前哲學」來負，

這個錯誤要我們的智力來負責。

在意識的後面加了「形態」這兩個字，

就分不清是物質、還是意識了。

加了之後，這意識形態還是意識，

只是說這意識體現了某種形象，

這「形態」是特徵、模樣、性質的意思，

它和權力形態怎麼就一致起來了呢？

怎麼成了「意識形態不同、權力形態不同」？

這等於在說「理論等於實踐」嗎？

全世界都上了個天大的當：

最骯髒的是權力，它很容易賣假貨，

這假貨另有其名，名謂極權、皇權、獨裁、專制、特權。

概念有陷阱，語言有語害，我們要揭開權力的語言面紗，

概念只是貨名，事實才是實貨。

什麼叫權力形態？

意思是權力那些勾當（現行、事實）所體現的形象、模樣、特徵、性質，

意識形態與權力形態，後面加了「形態」，

前者變成了物質，後者變成了意識？

於是權力形態不同是因為意識形態不同？

全世界的人都上了個天大的當，這是個概念陷阱。

加了形態兩字，我們的魂被勾了去，這就是哲學家莫里斯說的指號（見莫里斯著《指號、語言和行為》上海人民出版社）！

默認了他們的「無產階級專政」是無產階級專政，

結果就攪成「意識形態不同、權力形態不同」，

以後又變成了「意識形態不同、權力形態可不同」，

再接下來天定的善惡事實的物性也隨這「意識形態」而轉移。就這樣我們就流行起「意識決定物質」起來。

凡是事實，就是物質；凡是實在就是物質。

懂得胡適的那段著名的《實在論》不？

這就是有名的《實然論──論事實》。

社會、權力、都是人這個世界裡不會消失的物質，它們的形態是物質形態，不以意識為轉移。

它們有基本的形態、構造；有基本的物象，就像物質有基本物像一樣。

權力做出來的事，只要成事實，可視作物象或物形體，像冤案、迫害、殺人越貨，都有天定的物象或形體。

一切極權、特權都會走到這一步，只要成事實，它們的善惡對錯（性質）天定。

怎麼會因為嘴巴說的那套「意識形態」，

事實的善惡性質（形體）就可不同了呢？

──意思是說對善惡的認定就可不同了呢？

──對善惡的認定只憑階級論？且是格式化的階級論。

如今這個時代，有兩個見解至今還是錯誤的：

一個是有關意識形態的，如上所說；

一個是多元論，認為世界應該多元共存反駁的道理（見《這個和尚唸的不是好經》篇）。

這個和尚唸的經也是憑概念陷阱編出來的。

多元論心所以遍地開花是憑著多元主義的三寸不爛之舌。從多元文化到多元的意識形態，

文字多元不第於文化多元，文化即使多元了，裡面依然有一元的元素！且不等於權力形態就可多元！

如今的意識形態分兩種：

一種是詐，概念上的偽意識形態，與其行為背道而馳，這種「意識形態」是忽悠人的，權力骨子裡是個極字；另外，普世價值裡的意識形態是科研結晶。如民主、自由、人權，講的是──權力必須有制約。骨子裡還要講誠。

有個現象是權力的基本物象，

社會越早、權力的形態越落後，越落後，權力的形態就越極權。皇權這種極權產生於人類社會的初期不是沒有道理（原因）的，那時的社會、那時的權力發生在早期，極權形式不作為怪，如今極權賴著不走也不作為怪。

這不是「意識形態」這樣，權力就可那樣；意識形態那樣權力就可這樣，

因為權力是老虎，東山老虎要吃人、西山老虎也要吃人。「苛政猛於虎」不只是苛稅，而是極權專政！

歷史節外生枝，也就是說人往往會偏離光明的大道，意識形態也會走錯文明之路。馬克思主義就是歷史的節外生枝，

這是人格特殊的人自以為唸的是勞苦大眾翻身的經，結果節外生枝。

「無產階級專政」是極權的最高一次高空彈跳（蹦跳）。誰見過真正的？誰見過真本的無產階級專政？

這真本的無產階級專政能像他們操控的「無產階級專政」那樣？他們行使的權力，形態只是極權的最高一次高空彈跳。

這像他們所說的「意識形態」？權力是物質，有它的基本物象，是不以意識形態為轉移的，更不以虛假的「意識形態」為轉移的。

　　我們進入政黨、組織時代，
　　這也是權力變的極權魔術。
　　人類社會從皇權開始不是無原無故的。這說明專制極權是人類智力落後的象徵。越早權力越落後，以後極權走向老練鼎盛，這種老練鼎盛，不是社會文明，只是極權的「文明」
　　（易中天在清華大學講學，把「文明」當文明）。

　　最早是奴隸社會，
　　接下來是封建社會，現在許多國家還在封建社會徘徊，
　　資本主義社會也有極權的殘餘，講普世價值就是要滅殘餘，只要我們的智力還有落後，
　　權力就必專制。我們人始終圍著權力的篝火 dane，這堆篝火始終不滅，極權的名堂也就窮出不窮。
　　權力始終會伴著人類，
　　專制、特權、腐敗也始終伴著社會，
　　權力意味著富貴、意味著作威作福，
　　權力會腐濁人性，《官場現形記》寫的就是權力腐蝕，
　　所以好人都不端政治這碗飯、不吃權力的飯。
　　權力沒有罪惡就沒有特權和富貴，
　　權力沒有不義不公，就不會有人提出民主人權。

人類就分成兩撥，不是狗權派就是人權派。

人類的智力、社會不是朝前就是朝後，

在不幸的事實面前，「不幫」人權就是犯罪。

花花綠綠的說法都是干擾。

權力翻著種種花樣和民主鬥，

「意識形態不同」的說法就是極權放出來的「幺蛾子」

（編按・指無中生有或指耍花招、出鬼主意、偏離正常思

維）。

權越極、腐敗越烈、不公越嚴重，

原始社會是這樣，

奴隸社會是這樣，

封建社會是這樣，

資本主義是這樣，

社會主義更是這樣！

為什麼社會主義更這樣？

因為它更專制，

掛一塊假的「意識形態」招牌公然極權，

而且打的是假的意識形態。

這是玩概念（見《論概念》篇），

為什麼社會主義這個詞上要打引號？是「本體論」打的，

是不是社會主義要看事實、看制度、看憲制建構，

馬克思的「社會主義」是自稱的，

是權力說了算的「社會主義」，
現今是個概念時代，到處都是陷阱，
我們進入了哲學家孔德說的「形而上學階段」
只看概念不看事實的年代。

凡是主張集權的都是這樣，
凡是權力的位子上不坐憲制而坐人的都是這樣，
凡是攏著極權不放的政權都是這樣，無一例外。
別聽信「民主集中制」，這是個概念，
是天下最說不清楚是民主還是集中的話，
這裡的民主與集中要有制度法律的跟進。
這話裡的陷阱最大，是行騙，
這是毛澤東最喜歡講的權力話。

政治講到後來講的是「誠與詐」，
制度、憲制建構檢驗「誠與詐」。
不講憲法的「社會主義」，
腐敗是必然的、特權是必然的。
應該把中國的「社會主義」叫做「權力——資本主義」，
這才是東方的「社會主義」真名。
最反對資本主義的，最喜歡資本主義，
看來人類社會必要經過資本社會、拜金主義，
既然最喜歡，何必用「社會主義」來反對資本主義
對權力，如果沒有足夠的認識，

如果不加防範，

不管是白的權力、紅的權力，

不管是新權力、舊權力，

過去的、現在的、將來的，

鐵會鏽得更快，

權會腐得更爛。

這現象西方人已認識了七百年，

這現象就是權力的基本物象。

怪哉當今世界，

進化、進化，卻進化成這樣：

主張「意識不能轉移物質」的，

偏偏專幹意識轉移物質的物象；

指責別人唯心的，

偏偏自己最唯心，

唯心成「我說了算」、唯心成「一言九鼎」。

詭辯成「歷史辯證唯物主義」。

「意識形態不同」權力形態就可不同？

「意識形態不同」權力所做出來的那些事實的性質認定就

可不同？

「意識形態不同」那些罪惡的標準就可不同？

權力走極、腐敗是權力的其本物象，

和任何「意識形態」無關，

再好的意識形態如不制約權力，

權力必走極腐敗。

權力如物質，

權力形態如同物象，

這已成物理般的基本物象。

權力在歷史中的表現還不夠證實是什麼東西？

因此，我們要做的是：

防範鐵生鏽、權腐敗。

我們非但不知權力如物質、有它的基本物象，

我們輕而易舉地被權力催眠，

接受了權力指號——「意識形態不同」權力形態不同。

連基本的善惡感都喪失掉了。

我們的智力經不起權力這個老妖這樣那樣的干擾

許多哲學家還不斷為權力製造各種干擾的理論，

還自以為這哲學，渾然不覺扮著白痴與小丑的角色，

哲學做了權力的跟班，

耍嘴皮子、玩概念、使小聰明，

只會花拳繡腿的亂武一通。

我看好有理科腦子的哲學家，

不看好文科腦子的哲學家，

原因就在於此。

只要權力這老妖搖身一變，

只要變幾個字、換個概念，

我們就又看不懂了。

如「無產階級專政」、「社會主義」、「反右鬥爭」

「新民主主義」、「反右鬥爭」；「人民子弟兵」、「解放軍」；「發展是個硬道理」、「三個代表」、「科學發展觀」；如今又「中國夢」、「一帶一路」、「社會主義的核心思想」……

搬來一大堆西方詞，卻自己破譯。

把問題朝「意識形態不同」上引，

朝社會主義與資本主義的鬥爭上引，

朝無產階級與資產階級鬥爭上引，

朝東西方上引。

權力形態看制度、看憲制建構，

事實述說了權力形態。

看權力不看「意識形態」，看的是不是尊重人權，

看權力是不是獨裁，有沒有搞特權，

看權力是不是幹「三惡」（冤案、迫害、殺人）！

因為這種權力形態沾不到理，

說成是某種「意識形態」，並相同而結成陣營，

實質是權力形態相同，是極權、特權的結夥營私。

權力形態不同的原因不是因為「意識形態不同」，

而是權力裡的罪惡相同——基本物象相同，

這種權力形態是舊式的、早期的、落後期的，

是種人類野蠻期的權力。

這種不公不義的權力體現，是人類落後期的舊權力觀，

是統治者為了作威作福、魚肉百姓的權力觀，

這種舊權力觀、這種舊權力，

就是孟德斯鳩說的十惡之一，

是居十惡之首的「沒有制約的權力」。

隨著人類智力的提高、隨著文明的提高，

新權力觀與舊權力觀必然衝突，

因為極權的勾當見不得人，

於是就利用馬克思主義學說，

說成「馬克思的無產階級的意識形態」，

這種意識形態只是加了「無產階級」這個詞而已。

在意識形態上做文章，

「東西方」鬥了起來，

是東西方鬥了起來嗎？

是資本主義與社會主義鬥了起來嗎？

不是！這是概念在製造陷阱，

這是兩種權力形態鬥了起來；

是舊的權力觀與新的權力觀鬥了起來，

是為解放人民的普世價值和奴役人民的極權鬥了起來；

我們的智力跌進了概念陷阱裡，

被概念牽著鼻子繞了一個不大不小的圈子，

承認「意識形態不同」的說法，就等於上了他們的當，

這圈套就是：變理論不等於實踐為理論就是實踐，

他們賣的「意識形態」是假貨，

作祟的就是「誠與詐」。

謂之「權力形態不同」，實是大量罪惡事實，

是天理不容的犯罪，

是上億的生靈的生不如死的慘狀，

是上億的「冤案、迫害、殺人」事件，

是製造恐怖、要人民誠服於權力的淫威。

這不是意識形態與「意識形態」之間的鬥爭，

這也不是民主、人權思想與真正的無產階級政權的鬥爭，

這是善惡的鬥爭，

這是權力民主與專制的鬥爭，

這是文明的權力與野蠻的權力的鬥爭，

這是「中國特色的社會主義」與普世價值的鬥爭，

這是誠與詐的鬥爭。

人民被用來墊背，人民卻不知道該給誰墊背，

這就是人類紛爭的實質。

人民給概念迷花了眼，

被「意識形態不同」這個說法指號形成了條件反射，

因為人這一物種的智力只有這麼高。

人雖長著一顆比豬好不了多少的腦子，

卻有一顆特殊的心，知道光明與黑暗的心，

人有顆走向應然的心。

如權力沒有憲法來約束，

比人更會犯罪——因為權力是萬惡之源，五毒齊全，

權力既是小偷又是強盜，

既是採花賊又是殺人犯。

獨裁者靠國家機器來對付人民。

人民只有靠普世價來對付獨裁者，

製造籠子，把權力這隻老虎關進籠子裡去，

這就是普世價值：憲法、建構、三權分立、言論自由、五
大人權（孫中山語）。

那些形形色色、花花綠綠的理論，

無非是權力這個千年老妖放出來的干擾，

分散我們脆弱的智力。

普世價值的科學性是從社會物象中研製出來的，

是把權力當物質，從權力的基本物象中研究出來的科學方
法。

普世價值只有深入民眾，

權力總算關進了鐵籠裡。

權力非常怕普世價值，
拚命地阻止它的實踐。
普世價值不是針對哪個國家，
它是對付所有的權力，
它是從權力這物象中研究出來的科學方法。

它是全人類智力沉澱的魄寶。
說成意識形態的鬥爭，
是權力這個老妖故意的扯皮。
為什麼獨裁國家這麼怕普世價值？
怕，就說明這普世價值裡的方法對了，
怕，說明人民找著了整治權力的方法。
一旦權力被關進鐵籠，
它就失去無法無天的魔力，
失去了魚肉百姓的特權了。

權大於法是極權的特徵，
是社會不公、不義、不幸以及國家衰亡的總源頭。
西方的普世價值：多黨制、競選、彈劾、三權分立、言論
自由、民意測驗……
都是從權力這基本物象裡研究出來的科學方法，
像左一個鉤拳、右一個鉤拳，
拳拳打在權力的腮幫子上，
都是防範權力腐敗於未然的好辦法。

權力不思改悔，
還想做極權的橫樑美夢，
於是攪局成：
國家與國家的爭鬥，
民族與民族的爭鬥，
主義與主義的爭鬥，
意識形態之間的爭鬥，
用概念誘導老百姓的智力發生錯亂。
為什麼要把普世價值說成西方的、資本主義的？
難道西方國家發現的，就是西方國家的？
西方國家發現宇宙，那整個宇宙是西方的？

中國人的腦子在封建的水裡浸泡了三千年，
啟蒙得了點皮毛知識就算獲得了「如夢初醒」。
才懂得點皮毛就被這權力用「意識形態」硬摁在地上。
通過一次次的政治迫害運動，
加強型的仇恨教育和「愛國」教育，
又進入愚昧狀態。

每個社會存在的問題都一樣，
是不應該分你們我們的，
用幾個概念一指號（莫里斯語），
用分裂的理論一忽悠，
人民又在相互搏殺中。

分裂理論是危害人類的理論，

挑起人類的不和利用農民造反奪權

其目的在蚌鶴相爭、漁翁得利，

忘掉猙獰的權力。

要保證人權五項：

選官權、參政權、發言權、司法保護權、彈劾權，

憲政必須法大於權，

要法大於權必須有——

言論自由、五大民權、三權分立！

每一條法的後面必須要跟著監懲法，

如何監督和懲罰權力犯法是憲法中的重點。

條款都要環環相扣，缺一就斷了鏈接，籠子就會有窟窿。

這些觀點是改造我們社會的智慧，

要知普世價值是不是科學，

是不是解決萬惡權力的最有效的方法，

就讓人民去試一試！

看權力這老妖精敢不敢，

不管是什麼意識形態，都要把權力這隻老虎要關進籠子。

這意識形態說法還有一個壞處極惡：

權力躲在這假的「意識形態」後面，

大肆幹流氓、強盜、無賴的勾當，

當我們反對極權的行為時，

權力就抬出「意識形態」來鎮壓我們，

說我們反對無產階級專政、反對無產階級革命、反對無產
階級國家，是反革命、叛國賊、資本主義的走狗……

假亦真來真亦假，

這就是「意識形態不同」說法的「大妙用」。

Part 9 | 論大秦帝國的強國價值

論大秦帝國的強國價值

　　為清華大學的教授連清川的《大秦帝國：現代國師們的「國家」意淫》喝采。題目的造詣就不凡！別有風味的批判，「意淫」兩字用得太妙了。

　　大秦帝國的統治特徵是什麼？是不管老百姓的死活，高度的極權，這樣的權力勢必會怎樣？

　　這是個政治哲學題，哲學要研究的是人以及人產生的問題。是哲學份內要研究的科學題，文藝作品從來不做這類科學題，《大秦帝國》這部電影根本沒有反映這個問題。

　　現代的新權力觀是──「外王內仁」。

　　大秦帝國走的是外王內殘的路。權力是給這一代人享受生活的，不是片面地強調一個夢般的未來，幹喪盡天良、肥了自己，殘害百姓的「強國」。也許大秦的統治在那時還說得過去，因為周邊的統治權力都一個形態。天下行徑的是叢林規則，打來打去、弱肉強食。現在人的智力雖參差不齊，但有的智力非常先進，有了新的權力觀，世界環境有了大步的改善，新舊的權力觀鬥得正酣，有了文明的理念。別人的權力形態已比我們好得多、國家比我們廉明得多、人民的幸福值高得

多……為什麼差別那麼大？就是因為我們沉湎在大秦的「光輝」中，我們還在唱大秦的「強國歌」。這大秦的統治理念早就落伍過時了，在兩種權力形態的對抗中，破綻百出，現在比的是文明指數。這都是制度造成的。還想用大秦的野蠻落後的權力形態，去滅了人家的文明權力形態？

大秦的強國還能用嗎？首先，這是個語境、理境問題。每句話、每個理的成立都有一定的條件。如水沸騰，一定要 100 度，且要一個大氣壓。現在和兩千多前的春秋戰國時代的環境還能一樣嗎？這理的條件（環境）變了、沒了，這理就不成立了。還能是外王內殘？

是獻策還是在為虎作倀──為權力作無罪辯護？連清川所用的詞「意淫」妙不可言。連清川教授的意思是向國家獻策走大秦的路是在意淫為權力作無罪辯護。其次，說的是無產階級專政不是大秦的專制殘暴統治，「無產階級專政」才如同大秦的專制殘暴統治。

意淫可用在概念上、理由上、解釋上、辯解上；在報紙上、聯合國的會議桌上、在口水仗上；只有地上有，那會天上有？在我們這個時代裡，到處充滿著意淫。意淫是我們這個時代的特點，一個不講真話的時代，一個行詐的時代。

「意淫」這個詞還有個大用，它揭示了語言學裡概念的一個歪作用，即西方哲學所講的「所指」出現了偏差。這個歪作用經常出現在我們人的語言文字中，即心中暗藏著鬼，卻用一

個亮堂堂的概念來表達；明明事實是這樣的，卻說成那樣的辯解，這樣使用概念、這樣的詭辯，就叫意淫。這就揭示了概念的一個「妙用」、歷史唯物辯證法的「妙用」。

我們人經常這樣：心裡的鬼是這樣的，卻說成那樣的理由。這是人的原罪——不老實，是人性中的「誠與詐」，權力特會出現誠與詐的問題。

權力是油水最多的行當，但不是君子衙門。為什麼要把權力場上的人看成君子，而不是天下第一小人？

像「強國」、「強權」這類偉大的詞，形而下流得很，寄生著人的心鬼。

《易·繫辭》裡有這樣一句話：「形而上學者謂之道、形而下學者謂之器。」這說得不甚盡然，還有一種，即劣質的形而上學，寄生著心鬼的形而上學，我叫它為劣質的形而上學，即形而下流。

那些「國師們」在玩弄「強國」、「強權」這類詞。這「強國」、「強權」都是《易經》裡說的「形」，「國師們」是在卜卦，「象者所以存意」就是指那些「國師們」存意，存的什麼意呢？存的是心中有鬼的意，——阿諛奉承這個極權政府，為這個極權作無罪辯護。

「強國」和「強權」都是脫離事實的用詞，見《論概念》一文。幹著把當今極權所致的腐敗與濫用，亮堂堂的概念打包。腐敗與濫用，如：管控言論、管控報紙、出版、媒體，反

右運動、階級鬥爭、用這些「意識形態」不斷「冤案、迫害、殺人」，並與腐敗俱進……等等一系列的恐怖罪惡事實打包成「強國」、「強權」。

這就是概念陷阱，形而上學脫離所指（事實），隨著心鬼經過劣質的形而上學，說成「強國、強權」。這就是連清川教授說的意淫。怎樣的強國強權才是無罪惡的呢？就是不做內殘──「冤案、迫害、殺人」的強國強權。

這些「國師們」的「強國」、「強權」能真正的強國嗎？我們先不說這樣的「強權」能不能強國，得先問怎樣狀況的強權、怎樣狀況的強國？能把腐敗說成「強國」、「強權」嗎？能把這樣的統治說成為了「強國」、「強權」嗎？事實明擺著，說成強國強權只會使權力走極魚肉百姓。

「國師們」還真會辯護，這就是「國師們」的意淫。這能是真正的、誠之以心的強國？

現在再來談談「國師們」的「強國」、「強權」。

「強權」即使能強國，也是一時的強國、表面的強國，但給我們帶來的是無窮的後患。

為什麼要提大秦的強國？因為大秦的強權最殘暴、最專制，而且「成功」。那是滅春秋六國的成功，大秦的成功未必是今日中國的成功。

今天還能滅六國？今天的六國已不再是當年的六國，今天的六國是：美國、英國、德國、日本和西方國家，代表著權力文明的半邊天，這是在倒行逆施。恐怕滅不了，自身倒染上了

極權的惡疾。

　　現在，國家不能以帝國（不仁的強國）為目標；國家不能以大秦為楷模。大秦的強國並非那些國師們想像的那樣（先不論國師們的居心何在），大秦的極權並非像那些國師們想的那樣光鮮亮麗。

　　沒有憲制的權力決不會不腐敗和濫用，現在的人有了更好的治國理念，並為之奮鬥。

　　極權的濫用與腐敗就會出現大量的三惡（冤案、迫害、殺人）。大秦那時更是如此。一句話以蔽之，我們的權力如此是極權的必然，是把人民當牛馬，然後打「無產階級意識形態」的招牌、又用大秦的強國強權來辯護。大秦的國民幸福嗎？

　　所以那些國師從電影裡瞭解的權力是片面的，電影中只有權力光鮮的一面，沒有這極權陰暗的一面。人類的整部歷史反映出是，「沒有制約的權力是萬惡之源」。

　　極權在毀滅著中國！是統治形態的落後給中國帶來了大清朝的鴉片戰爭和人民的不幸，這不幸是雙重的，既有國內帶來的不幸又有國外入侵所帶來的不幸，人民既要承受國內統治者的迫害又要承受外國的掠奪。這兩種不幸有區別嗎？這不幸肯定是國內大於國外。

　　在那些大師的眼裡，大秦帝國是「國家」的楷模，因為它成功地滅了六國，大家靜下心來想想，這是人民的成功嗎？這是大秦的權力形態比六國的權力形態好嗎？

　　現在已有這樣的置疑，是大秦滅楚國好呢？還是楚國滅大

秦好？在權力的性質上是沒有可比性的，沒有哪個價值高哪個價值低，只有在程度上比，比哪個王昏饋與精明，這只能說秦王精明野蠻，楚王昏饋糊塗。但對人民來說，是會給人民帶來什麼怎樣的統治。

為什麼大秦被六國罵成虎狼之國？首先在權力性質上沒有可比性，可比的只是君主昏不昏、明不明，昏還是明，這正是極權君主制的弊端。因為六國還講點權力的道德，不怎麼殘忍，而大秦一味的追求殘暴，是極權出了名的，而極權的強暴能一時的強大。大秦滅楚國給中國帶來了高度極權的流毒。

現在權力觀已更新，「國師們」還在誤導國家走大秦帝國的強國之路。並且「意淫」我們國家權力所為是在走大秦的「強國」之路，這是錯上加錯。我們忘了我們這個歷史最悠久的國家是怎麼落後的，（大秦）權力形態能強我們今天的國？我們的強大是因為我國人口十三億。別看我們在世界上到處撒錢，撒人民的血汗錢不是國家強大，而是為了讓這個權力形態能苟活、圖個好名聲；讓馬克思主義的極權、特權苟活，圖個好名聲，這只會使這個權力更肆意去奴役人民。

在連城川先生的文章中有句話：「我們還能停溜在大秦帝國的強國價值上嗎？」我為連先生的話，再添一根柴、一塊磚。先幫連清川問上一句：「大秦帝國的強國的價值，是什麼年代的智力？」

那時人類的智力還很落後，那時還沒有普世價值，權力觀

還是舊的。

國家、權力的使命是什麼？權力的使命是：看給人民帶來什麼！！！這也是強國的最終目的。

我們用大秦的強國之理不是用來強國的，是用來對付西方的普世價值的！是用來對付世界人民要求民主的。

為什麼不能停留在大秦帝國的價值上，那是什麼年代的？現在是什麼年代？人的智力、人的社會實踐、經過了這麼多年對權力的理解，極權的皇權性質給人類的歷史帶來無窮的禍害，現在講民主清算極權的禍害。理境已改變。

每個理都有它成理的條件。三千年前大秦強國的理境：

一、知識匱乏，智力極低。

那時代很早，人類的智力還在起步階段，社會、政治、權力知識十分匱乏，連沉澱的可參考的歷史經驗也少至又少，哲學還不知道要研究人。

為什麼人類社會是從皇權開始？皇權是人類落後時代的產物，人類的知識庫裡沒有對權力的認知知識。千年後的今天才知道「三民主義」（孫中山語）、「言論自由」、「普世價值」，才知道權力公正在於法、法的重點在於憲、憲在於法大於權。

那時人類的智力只知道權力管控人民，不知道權力更要管控，只知道「率洲之濱、莫非皇土；普天之下、莫非王臣。」皇上一言九鼎，人民以為君王神授，所以孔德說那是個神學階

段。儒家思想就是以天為君、為上的權力學問。由於權力沒有制約，管理變成統治、統治變成了奴役。

皇權是那時人類智力的瓶頸。

這是權力這物事的自然力形成，環顧中華、環顧世界，四周都是皇權，權力的寶座上都坐著一個人，有了權力就有了國家機器，那個時代國與國之間不是你吃掉我就是我吃掉你。人們自然而然地朝著明君、強國的思路上裸奔，那個時候人類的智力匱乏到沒有第二條路可走，人們沒有知識作選擇的餘地。人類哪有「閒功夫」考慮權力形態問題、社會公正問題，再說這種權力形態帶著殘暴，哪容得你思想邀翔，也沒有這麼多的知識供你思索。

二、歷史之鏡。

經歷了三千年的極權，極權的災害罄竹難書，給人民帶來天大的不幸和痛苦，可以肯定的說，人類的歷史就是權力在作怪。特權作威作福，享盡奢侈，滿地的不公、漫天的不仁。極權是社會不公不義之源，是萬惡之源，一個無廉恥的權力只會帶來一個不知恥的民族。這是血的教訓。

三、普世價值。

有了更好的思路、有了顛覆舊權力觀的新權力觀，（見《問題只在權力觀改變》一文）。也就是首先要制約

權力，普世價值是存放制約權力最有效方法的智庫。

現在什麼年代？經過了三千年的封建主義，權力所造成的罪惡馨竹難書，冤魂野鬼撐爆了地球，只要對權力構成威脅的，只要說權力「壞話」的，這是三千年得到的經驗。人類正在努力擺脫封建主義的權力形態，特別是近代史上的兩次世界大戰，人們認識到，舊的權力觀正毀滅著人類（孟德斯鳩的「毀人類的十惡」），阿克頓教授又下了斷語「絕對權力絕對腐敗」！

我不說權力「生之於民、還之於民」這類話。人這種物種需要管控，權力管理社會、人民是應該的，但是管控是為了社會福祉、祥和、發展、公正公平（見《講理規則》篇）。但最要管控的是權力自己。西方的普世價值與國家的體制建構就是為了制約權力的，權力沒有那麼多的罪惡，人民就幸福了，國家也走向了發展。權力不是為統治者服務的，是為了報效人民的。權力要麼走向廉明，否則權力就會一路黑到底，這是權力這種事物的趨勢，如物質的物象一般。

這麼明顯的道理怎麼就「聽不進去」呢？如今人類的智力今非昔比，對社會、對權力的認知有了長足的進步。明明有文明、更好的價值觀、更先進的見解，中國的權力者不學，不認同，當權者的心是怎麼長的？整個社會會跟風，這只能說明那時的人和現在的我們還是有同樣的人性，受限於封建勢力。

權力是萬惡之源，它腐蝕了那時的人們，也腐蝕了今天的

我們，權力對凡是人都有腐蝕作用，不但腐蝕了統治者，還腐蝕了人民，更腐蝕了那些有點文化的「國師們」。這不是「信仰不同」、「意識形態不同」所能轉移的。

這蹊蹺中又有蹊蹺，是他們分不出好壞嗎？不是！是這搞極權才有油水，這是到今天還是封建極權的原故，封建極權在中國根深柢固，不是他們分不出好壞、不是分不出強國還是強權、是這裡的封建性的原故，這是權力的基本物象，是人們舔權力的屁股的人性。既然大家會舔權力的屁股，這更使他們搶權力，他們把搶來的權力當自己的；不是分不出他們把人民當什麼，而是嘗到了甜頭就不學好。這是權力甜頭的誘惑，權力有無窮無盡的好處誘惑著他們的人性。

因為權力的甜頭，而權力只有極權最甜，好讓他們無法無天、作威作福、魚肉百姓；好讓他們的權力永遠的傳承下去。為此，無譴責、無報應的「強國強權」。

只要權力是這種形態，一個人、一個組織、一個政黨沾上了權力，就會一路黑到底，就會「絕對權力絕對腐敗」。那些國師們還嫌這個權力不夠黑，意淫國家走大秦的強國之路。難道這些國師們真不知道好歹？這是在舔權力的屁股。

現在知道連城川教授為什麼用「意淫」這個詞了吧！這裡有人的誠與詐。現實中許多問題歸結在誠與詐的問題上。

我真不明白，手上一有權力，就變成萬人矚目的梁上君子，似乎他們是人中一等一的正人君子。這在封建極權國家裡尤為突出。我不想多說大秦帝國行使的強國其權力形態是怎麼

樣的，許多書裡講的夠多的了。

最後，我只說兩個問題：

1・是——外王內仁。一個大國外要王、內要仁，這成語
是個立國的　，贈給權力掛在堂上的，豈能用一半棄
一半、有一半沒一半？這　告訴我們：外王了不等於
內仁；內不仁，外王不成立；內仁才有外王，內仁為
本、外王為用，用外王是為了內仁。

可能春秋時代，那些國家比我們更講內仁，因為那時
沒有那種專門製造冤案、迫害、殺人的「意識形態」
（想到封建社會還有賑災一說，到了社會主義社會，
卻讓災民不准逃荒討飯）。那意淫的「強國」，內不
仁則外王不成立，如中國的大清朝；只有內仁才有外
王，如美利堅合眾國。不能走內不仁的外王之路，否
則外王何用？

強國不是糟蹋其國民；價值不在萬惡的特權腐敗。強
國的價值要問為誰而強，要問強國怎麼強法子，當下
再提，用意所指何在。

如今大讚「大秦帝國的價值」是有居心的。借強國的
幌子，要我國的政權實行大秦式的統治，走極權專制
的路，即更狠毒、陰損，高度極權。更陰毒的是心中
有鬼，這心鬼在為「內不仁」辯解。

欲加之罪何患無辭；欲找詭辯的概念何愁無辭。

2‧是大秦強權特徵是牧民、愚民、殘民。反動的核心是「民不可知之，更不可由之」，所用的招術極其殘忍，專捅人的軟肋，故那時的六國稱大秦是虎狼之師、虎狼之國。現在的權力最黑年代是毛澤東這六十年的統治，冤害、冤殺了多少人？用意識形態殺人，用編織的意識形態來「牧民、愚民、殘民」，建立了淫威才有今天的腐敗，中國用事實證明了英國歷史學家的「絕對權力絕對腐敗」。

事實只有一個，辯解有無數。許多爭辯講到後來就是誠與詐，誠則立詐則廢。

Part **10** 三個章法

三個章法

　　問題不在孔儒之學有什麼，而在缺什麼！不是儒家思想有多博大精深，而是沒學過、沒做過的課題有多少、沒想到的學科、課題有多少。他們的腦子裡有過《權力學》、《憲政學》、《人權學》、《社會構建學》……嗎？他們的腦子裡殘缺了哪些部分！這是時代的侷限。

I

　　楊天石先生的《儒學在近代中國》一文是篇談儒佳作。讀來氣暢解懷。內容高博精粹，是中國近代評議孔儒價值水平極高的一篇文章。

　　儒學的社會價值，忽高忽低、忽升忽降，明了又暗、暗了又明（這講的是實然的儒學價值，不是應然），就像天氣一樣，時陰時晴，忽明忽暗。這種情況說明，由於時局的惡好，爭論的充分性在不斷的變動，造成它在這個社會中的價值在變化（這說的是實然價值）。這種實然裡的價值極大的受到時局允許性的影響。這稱儒學重量的秤有問題，儒學的重量還稱得準嗎？

反過來，儒學的市價倒可作時局的風向標，我們從這風向標可以得知現時刮的是東風還是西風；是晴天還是陰天。知道了風向也就知道了儒學現時的行情，知道了儒學的行情就得知天氣變左還是變右。

我們爭論的是客觀的儒學價值。首先是要討論充分，討論充分了，這價值自然會出來。所以權力不要干擾討論，討論要充分。

一種倫理能存活三千年之久，並當北斗、眾星拱之（孔子語）不會是一無是處的。對儒學的評論，如能成功，可獲得許多章法，這些章法是寶貴的智力財富，有了這些章法，天下事何愁解不開？這筆財富與儒學所講所含的財富不一樣，是兩個類型的。所以，爭論儒學，會給人類得到一份額外的收穫。可我們忙著給儒學打分，卻重來不重視這類的收穫，重來沒有設置機構來保存這些收穫，沒人來整理這些章法。人類在其他科學領域都有長足的進步，唯獨哲學的進步為 0，就是因為沒有哲學公式、不建立專門保存這些公式的機構……。於是什麼信念都會被推倒，連真理、理性、上帝、正義這些信念都會被否定，這是爭論的章法混亂的緣故。現在才想起來要有個倉庫保存這些公式，這樣的倉庫只有一個——普世價值。

怎樣評論，這「怎樣」就是章法，也是智慧的一種，它提供人們思考的方法，有些章法可成為人們思考的公式。如論事講理要「事中講理、理從事出」；又如胡適的「打扮實

在⋯⋯」，還有胡適的《四論問題與具體》，多好的章法呀，我們的爭議裡，這些章法像一陣風那樣吹過，一刻也停不下來。所以要設立一個機構，專門收集這些章法，這些章法是不是能共識不重要，讓這個機構先發揮自己的智慧，把這些章法保存為哲學公式，別管是不是有人反對這些哲學公式是不是公式。胡適「四論」裡的「具體」就是哲學公式，他在「四論」裡講了「問題與具體」後，就再也沒人去研究一下「具體」兩個字──論事要講到事實裡去！不但要講事實，還要表達出情況，且越鉅細越好，具體是有級數的，這也是哲學公式。鉅細了更不易藏貓膩。

我們之所以評說不清儒學，除了環境的影響外，還有個原因是我們爭論沒有章法──我們的思路有「蟲洞」。要評說儒學這樣博大精深的大件東西，要開啟我們另種智慧，就像做數學題、物理題，要應用公式。這精華、那糟粕就是從另外一些章法裡稱出重量的。我們還不會講清這些公式，講清這些章法我們會得到一份意外的收穫，我們的智力也就有了長進，就是不評儒學，儒學的價值也就出來了，這章法對人類更有價值。

我常在文章裡說，許多理想在實現，實現的意義在工具論，不在理想本身。這兩種意義是不同的，理想是幅風景畫，風景畫表達的是風景畫的意義（美感），但實現更有意義。這實現的章法就是工具論，要做成儒學的客觀評價就得有章法，否則就是亂彈琴。如種田要講章法、木工要章法⋯⋯要正確評

價儒家也要章法。

對儒學,再不能是仁者見仁、智者見智,公說公有理、婆說婆有理的各自為政。儒學還沒有討論充分,在這一文裡,我先提出三個章法。

一、義大義小。

權力的身形無處不在,權力是隻老虎,吃起人來不吐骨頭,它在人的社會裡吃了很多人,我們喪亡在它嘴裡的生命不計其數,所產生的不公不義也罄竹難書。老虎天天騎在我們頭上,天天想吃我們就吃,吃了三千年的人,就人活著這份膽顫心裡就夠受了。活著讓老虎添的滋味好受不好受?把老虎關到籠子裡去重要不重要?這義大義小的問題不就結了嗎?

人是個群居動物,有了人類群居就有社會,有社會必形成權力,權力有它的基本物象,有權力必分統治者與被統治者,連馬克思主義都承認統治者與被統治者的矛盾,是社會裡的主要矛盾。

權力從管理墮落成統治、再從統治墮落成奴役。為了魚肉百姓,權力什麼事情都做得出來,還搶來搶去。權力是萬惡之源,能解決權力的萬惡,便是大義。

其實權力這個行業並不出君子,它出的是流氓、無賴、惡棍,最多是梟雄變英雄。但是我們把流氓、無賴、惡棍、梟雄看成聖賢,把權力視為最崇高的行業。這五千多年來,權力在蹂躪著世界,這五千年的歷史在控訴著權力所做的罪惡,在人

類的歷史舞台上，演出的總是統治者魚肉百姓的大戲，這「服從與強制」（英國科學院士伯林語）、統治與奴役的大戲生生不息，久演不衰。人民對權力的反抗絡繹不絕。天下大事莫過於社會中的權力與人權的鬥爭，莫過於統治與奴役問題，權力像天那樣罩著人民、像柵欄那樣關著我們。這不是被統治者無事生事，而是權力造成的，所以救人類、掃除不公不義，能使權力文明這才是大義。

儒學行嗎？儒學的道德、禮儀雖然對天子有鞭策作用，爭儒學的道德、禮儀正確與否是錯誤的，風景畫總是很漂亮，儒學的錯在以皇權為天，對權力又跪又叩頭，還一邊按撫老百姓，也要對權力又跪又叩頭。中國三千年的實踐，中國的昨天、今天還不能檢驗它的價值嗎？它只能對皇權施行自律的勸政策，讓皇上看風景畫，這道德論是人類的好東西，但對權力沒用！儒學的「內聖外王」遇到了權力就變畸了，外王變成了內暴的的藉口，「修身養心平天下」成了統治工具，「欲治其國者，先齊其家。欲齊其家者，先修其身。欲修其身者，先正其心。欲正其心者，先誠其意。欲誠其意者，先致其知。致知在格物」

最終格成了「三從四德」、「三綱五常」。這個程序把權力放到了最後，何年馬月在能輪到修理權力？牛年馬月才能整著源頭，——「治國天下平」？權力會那樣老實誠懇接受修理嗎？治國首先要治權！

　　那些先聖賢怎麼就顛倒了這句金科玉律的？還是皇上是天的封建極權意識？

　　必須把這條理論順序顛倒過來：欲治國必先治權！也就是說：治好權才能治好國，治好國才能齊好家，齊好家才能修好身，修好身才能治好心，正好心才能誠信意，誠信意才能致真知，致真知才能格正物。

　　這三千年的實踐還不夠說明儒學對權力的作用？不是說儒學無精華之處，它的道德與禮儀是博大精深，這精華證明了儒學也是向上的，但它有糟粕，這也不能全怪儒學，只能怪人類的社會只能從落後的形態開始，權力的最早是從封建主義的極權起家的，這不是沒有原故的，但這正是後來的人們要去改造的。儒學在改造權力的過程中扮演了什麼角色？這才是大義。儒學盡不到大義也就罷了，它的糟粕正是幫倒忙的黑貨，這有點太過了。它不明白自己在幹什麼，但我們後人不應該不知道。敗也蕭何、勝也蕭何。

　　為什麼博大精深？因為儒學裡的知識既豐富又精深，甚至還論及了本體論。為什麼又自成儒家思想一家了呢？有其統一的特徵唄，那就是封建特徵。這特徵是什麼呢？以皇權為天，高度的極權。從以上的論述，義大義小必須從解決權力的文明裡得出來。

　　人類的社會、人的智力，越早越落後，特別體現在權力、權力觀上，這就是孔德說的人類的智力的三個階段，及三個階段的順序。

　　這第一章法是：不管是評論儒學也好、評論其他主義或者宗教倫理也好，要看它對權力的態度，它在權力問題上說了些啥。權力是人類的最大問題，這也是大義所在。說得到位點，就是「是否把權力看成吃人的老虎」，如有制約作用、有籠子價值的，便是大義，如有相反的言論，便是大逆不道、反動；倫理如是進步的，但起不到籠子作用、不能把老虎關進籠子裡的，這義就縮水了。

　　從知識本身，也有義大義小之分，儒家思想是小義中的大者，是善也。再說它博大精深，又平添了幾分大，正是這份善、這份博大精深的價值迷惑了我們，這要看我們怎麼應用它，應用在何處，這要講「理境三明」。是儒學的侷限與我們後人的「有慾」把這份價值誇大了，是後人中有人、某種權力，因出於心中有鬼把它的價值誇大了，並用來抵制更有價值的主張和辦法──像籠子的普世價值。

　　儒學有其本身的侷限，這侷限有其客觀性。這是它生存在最早時人類社會、智力落後的原故。它沒遇到普世價值、它不應該成為普世價值的敵人，它沒遇到憲政、自由、民主、人權、公平公正、三權分立這些理念與社會建構思想，它也不應該成為這些思想的敵人。

　　經過這三千多年的「進化」，反倒是我們的有些智力進化出問題，權力也有變化，它穿上了衣服，它穿起了「意識形態」，這只是某種權力想形而上學成「無產階級」的權力，這就是胡適說的「打扮實在」，這是巫巫在借屍還魂，這是在復封建主義。

二、儒學有侷限，儒學殘缺了什麼。

儒學沒遇到這些文明思想，沒讀過、沒做過大學的這些功課。這好比那個年代不過是歷史的小學年代，教的、學的、做的是加減乘除。

缺什麼？缺學科！缺進化！缺少的還真不少，缺少的是權政學、社會學、建構學、還有許多許多的哲學問題。評儒學，我們還活在三千年前的稚嫩落後政治的階段。這三千年，因為營養不良，我們這民族長成了偏向性.成熟的侏儒，政治上的侏儒，創新上的侏儒，思維上的侏儒；我們還在做著三千年前的社會題、政治題、思想品德題，我們還停留在人類早期社會的人格、眼界、取向、膽識、魄力上。

儒學確實把這種「初中的品德題」做得妙不可言，榮得了東方智慧的殊榮，既使我們的今天病到了家，還可說成中國特色。但加減乘除四則運算得再嫻熟，漢字用得再玄妙，再「三好學生」，還是小學水平、初中水平。如是老師也只是教小學的特級老師。它必經沒上過大學的課程，缺了許多門學科，連民主、專制這兩個詞都不會寫，怎麼有發言權呢？

在楊天石先生的文章中有一段記戴；一個譚嗣同時代的朝鮮人說：「地球上不論何國，但讀宋明腐儒之書，而自命為禮義之邦者，皆是人間地獄。」這話說得很重。這話出在一個身旁小國的知識分子口中，出在身受我們大國「保護」的附庸小國口中，令我欣喜又汗顏。這話是有所指的，意義很突出。儒學再優秀、再源遠流長、再博大精深，但救不了國家，而且

會害了國家。這話評說儒學,是大結號。為什麼這話重值千鈞呢?這話說的是實踐,以事實為證。此人竟用「地球上凡是⋯⋯人間地獄」之辭,來數落我們有三千年泱泱大國驕人的文明。把這一大筐周邊小國倒楣賬都算在我們國家身上,大榮變成了大辱、輝煌變作了奇恥,可見可恥到何種地步。

這儒學不僅坑害了我們自己不說,凡是傳染了的周邊小國,都得了「愛滋病」。面對這個事實,我們還有何顏面去世界炫耀?去兜售?在兜售前不自己搞清楚?把儒學的說明書寫得更透澈些?莫非坑了周邊小國不算,還想禍害世界?

我們還在喋喋不休、爭鳴不息,渾然不知,真是病到了家。最不幸的是還被這個兩百年前的小國草根言中身後兩百年的今天態事,在「注定的事實」面前——在今天被我們受害的朝鮮以及我國的今天,我們臉丟大了,真無話可說,羞愧難當、無地自容。這「佛門大火,泱及池魚」的災情具有這麼明顯的普遍性,肯定其中有大原因。

不知何故,作為昨天或今天的中國人,總有一股戀古情結。儒學是博大精深,語言也燦爛如陽,確實是世界寶貴的遺產,但我們不能割捨不下它的糟粕,依依有情成為前進的障礙與包袱。似乎這份遺產是我們唯一可拿得出的財富,就像經常掛在嘴邊的「四大發明」。以此與世界文明抗衡,消彌我們臉上的羞報。我們常常只會對其中的精華自以為豪,卻不會對其糟粕引以為恥。林語堂對此有過相當精彩的感慨。

當頭的問題不是孔儒之學有什麼，而是要命的缺什麼！不是該爭儒學所講哪些多對或不對，而是要認識到儒家思想裡，沒想到、沒開發的東西究竟有多少。他們的腦漿拿到今天來夠不夠用！他們的腦子裡殘缺了哪些部分！那個時代他們的智商是撥尖的，拿到現代來還高端嗎？我們能用這種殘缺的智慧來 PK 現代政治理念嗎？

至於兩千年後身受現代文明洗禮的我們，我們的智商還不如他們？也許現實進化得不好，但這個時代的智商絕對超過他們，而且超得遠遠的。他們這點貨，我們會思考不出？只是我們用象形文字不會表達得像他們那樣燦爛罷了。和今天的我們相比，他們的能耐降格到只是早說了這些內容的價值，只是他們會說文言文，文字藝術十分高超。至於思想的深度，我們能批它們，難道還不會腦出這些內容來？

三、不知者無罪。

罪不在儒學，儒學的博大精深有罪嗎？罪在我們後人；罪在我們陷在封建的權力裡太久了，罪在我們忽略了對儒學的博大精深的辯別能力。我佩服儒學的智慧，更佩服儒學做學問的心。像老子、孔子、莊子、歐陽明、朱熹……欣賞他們做學問的心無旁鶩——對知識的探索的公心。儒學的侷限責任不在儒學，而在時代。

人的社會越早越落後、越早越野蠻，早期社會的權力必然是落後的封建極權形式。

是權力做好了局、蓋好了房子，讓儒學生存在裡面，生在

哪代是無從選擇的。這是無罪辯護的最大的理由，儒學不可能
經歷以後社會的種種。這和我們不同，隨著歷史的推進，我們
後人經歷了社會的種種，對社會、權力有了足夠的瞭解，儒學
沒想到後來會出馬克思主義的權力。只有經歷過以後社會種種
才有對人類第一個社會階段——封建主義以及權力的特徵產生
瞭解與置疑。這三千年的時間，產生了許多思想。我們應該意
識到人類社會的障礙就在權力裡，權力是萬惡之源，權力對人
的腐蝕超強，毛澤東鬥得過天、鬥得過地、鬥得過人，就鬥不
過權力的腐蝕力。

社會的不公不義主要來自於權力，什麼叫萬惡之源？它比
老虎都壞一萬倍，我罵它是老妖，它什麼事情都做得出來：撒
謊、無賴、三惡（冤案、迫害、殺人），最可恨的是，用各種
干擾來愚化人民——「不使民智之、不使民由之」。

封建主義雖然罪惡，但是我們智力的有些地方還不如封建
主義，我們的智力盡會被一個詞就俘虜了，如「無產階級專
政」。封建主義對善惡的認定還本質些，我們現在的善惡認
定，只要權力貼標籤就行。最讓我佩服的是儒學做學問的那股
誠，心無旁騖。我們現在的智力反而容易受歪門邪道的影響。

II

記住！孔德的智力發展的三個階段：神學階段、形而上學
階段、理性階段。這也是社會的發展階段，這是智力與社會進

化的歷程，標誌著落後向先進的程序。

從這裡可得知：(1) 越早經歷得越少；(2) 越早越落後；(3) 孔德的話有根軸，體現在我們的權力形態與權力觀上；(4) 公平公正是你情我願，這是一個哲學公式；(5) 既然我們人捧不掉權力，權力又捧不掉走極端，契約是我們人的最好社會形式；(6) 這樣，這張契約十分重要；(7) 契約是充分討論的結晶。

新權力觀的誕生發生了難產，阻力在極權。只有一種解釋，人的腦子又進水了。儒學不中用的根本原因何在？儒學揣不平社會這碗水。它提倡的不是公平公正，它只能讓社會在原地溜圈子。它是權力做好了封建社會，再由它來為權力設計佈置。「制度決定風氣，風氣影響人品」，對於人這一物種來說，這條規律已鐵成。「修身齊家治天下」的方政是走反了，人只有「大環境」清潔了才會身心健康。這又是為什麼？權力必為骯髒的作為強詞奪理，這是給社會亂上「賢」，這是給人民上「假」。這是給社會做不老實的榜樣。底層的人，人格不出畸形已燒高香，侈談要人做堯舜。這就是孔儒修身養性之說難以有效的道理。孔儒之教在中國盛行了三千多年，教好了哪位皇上？特別是主席、委員長、書記？

滿城盡帶「黃金甲」，傾國都是貪淫臣。權力儘管不喜歡儒學的滿口仁義道德，但總比普世價值好。

儒學是有錯，錯在幫封建主義說了話，但又情有可原，因

為它不夠前衛，不會超歷史，不會超時空，超到時空的後面去。難道不夠前衛、不會超時空也有罪嗎？它有罪，罪不當殊，當殊的反而是我們，這就是我們爭論不好儒學的原因。

　　我對儒學的態度，前後有很大的不同。我這篇文章也許充滿了矛盾，我只想寫出情況，就當我借題發揮，「項莊舞劍、意在沛公」吧！

Part **11** | 功利主義是
人類智商的
大倒退

功利主義是人類智商的大倒退

I

在《應然與實然》裡討論了這樣的問題：人類真理的取向問題，真理取向實然還是應然。在那篇文章裡介紹了應然與實然，敘述了何為應然、何為實然。從中得出這樣的結論：應然出真理、實然出真相。實然即實在情況、即事實真相。人的實然，應該的和不應該的是混雜的，應然的理與不應該當理的「理」是混雜的。應然是指經過人思考後的認為——「應該、理當和理應」，即經過人的智慧思考過的理性產品，可當原則、守則、真理。

現實中真理的取向模式有兩種：**一種取向於實然、自然態，也就是把實然中，流行的、成功的事理、經驗、狀況當真理；一種取向於應然、準則、自然法，也就是把實然中的事情經過理性考量後覺得「理應這樣」、「對的」、「正確的」才當真理。**人是有原罪的，人的流行的成功往往是藉著人的原罪而成功的流行，人的實然受功利和道德的誘惑，應該和不應該是混雜的。那究竟是哪種取向方法是對的呢？真理取嚮應然或

是實然，決定了人的行為原則，更決定了講理依據。因為人是個講理的物種。

功利主義在真理的取向問題上犯了嚴重的錯誤。為什麼它是錯誤的？它把人的一切活動「強詞」為追求功利，強調功利得太過了，它的錯誤不在功利兩個字上，錯在太過又不說清楚不能不計手段，把實然中不應該的成功當目標，不應該的手段當方法，作真理、作守則，因為人有原罪、有軟肋，這是說人有許多習性是不好的、不對的，尤其是成功，是利用人的弱點成功的，不能把利用人性的弱點造成的成功當真理、當方法，這就是功利主義一味追求功利、成功的結果，把功利、成功當信仰的結果。

功利主義為了進一步說清楚些，把有用、流行、成功都說進了功利裡、當真理了，這是真理取向實然的主張。功利主義會把人類引導到流行的成功這條路上。這種理論權力最歡迎，被權力當槍使，當邪惡搶權維穩的理論，於是出了「槍桿子裡出政權」的理論。生意的成功是坑蒙拐騙；科技上的成功是偷襲；論文的成功是抄襲，於是整個社會道德滑坡；使它滑落到只圖功利、成功而不計手段。今天世界烏雲密佈證明功利不能就當真理、許多成功的法子不能當理性的方法，功利主義還從理論上來立論，這就錯上加錯了。

中國有個成語——「強詞奪理」，它是說通過強詞能強出理來，我們該對這個「強」字作一番深刻的科學研究，人類是怎麼強出理來的。功利主義是這麼強詞的，先強調人的一切作

為是為了功利，再把功利供為信仰，由於強調得過了，變成了極端，成了主義，最終被邪惡的權力當槍使，發展了邪惡。這「強詞」有許多品種（見《論概念》、《講理規則》篇），哲學只開墾了一半，是塊半開墾地。

功利主義「從理論上來證明它的立論」恰恰是強詞奪理，為了彰顯功利的正確性，為了彌補它的蒼白，它不得不在最後添加「大多數人的福利」、「大多數人的功利」這樣的句子，這樣的句子是羅生門句，嘴上添上「大多數」，大多數人就能得到福利？嘴上掛著代表大多數人的利益就能做大多數人的代表？馬克思主義的「代表人民」、「代表無產階級」就是從功利主義那裡學來的。問題在怎樣制約權力，製造籠子，把權力這隻老虎關進籠子裡去，嘴上說「大多數人的福利」、「代表大多數」、「代表人民」、「代表無產階級」這是「概念事實」……人類走向了華而不實。

問題沒解決，卻繞到了原點上。哪個皇帝不把「為天下黎民」的話掛在嘴邊？皇帝老兒說的天下黎民還比不上功利主義的「大多數人」的多？再搬出「大多數」這不是脫褲子放屁麼，多此一說？

功利主義只不過在玩功利這個「概念」，再用「大多數」往「功利」上一塗。這和馬克思主義往權力身上穿「無產階級專政」的外衣沒什麼兩樣。這都是胡適說的「打扮實在」。

這功利兩個字以後就變成法西斯主義的成功，共產黨的成功。在紅場檢閱台上史達林跟毛澤東說的一句著名的話：「存

在就是真理」。這裡的「存在」不作本體論中的存在。這意思是，讓我們的權力既使再邪惡，想盡一切辦法堅持住，堅決挺住邪惡，讓邪惡生存下去，就是真理。只要手中的鞭子抽著子民，子民就會像牛羊那樣聽話、人民就會認賬；這就是真理，也就是功利主義的成功。

魔頭史達林悄悄地對另一個魔頭毛澤東說這話的時候，在他們下面，紅場正在舉行大閱兵。人民正「意氣奮發」、個個「一臉驕傲」。這就是他們所說的「成功存在」。

這話什麼意思呢？這壯觀的場面在證明「馬克思主義的輝煌存在」。史達林和毛澤東都在有感權力的偉大、人民的愚蠢。馬克思主義有兩個「好老師」，一個是功利主義，一個是黑格爾（唯心論的哲學大師）。

就這樣，「成功、獲利和有效」就成了我們的信仰的真理。這些詞：「效用」、「好處」、「有益」、還有休謨說的「福利、慾望、滿足、需求得」，把人類引向罪惡的深淵。權力不擇手段、國家不擇手段、外交不擇手段，人們開始不擇手段，向功利主義的成功進軍……

人追求成功，這現象充其量是實然，實然是真相，但不是真理。成功，要看成功的是什麼，怎樣成功的……人類的社會權力的版本回到了原點，開始了輪迴——周轉率。

雖然可以說成，人動一根手指頭都是為了利，但成功、獲利就能成為真理？利有善有惡，功有善有惡，此外，還得講怎麼得來的，就像我們平時說「這錢不乾淨」，錢和功利一樣，錢要講乾淨，功利、成功也要講乾淨。來路不明，錢是髒的，

功利也是髒的。

我們聽信功利主義，心裡裝了功利、成功就意味著上當，就忘了制約權力、製造籠子。功利主義主張只會給世界添亂，它為什麼不給普世價值添一根材、旺一把火呢？為什麼邪惡的權力把它當槍使而不把普世價值當槍使呢？我說過一切花花綠綠的理論都是干擾，這好比打仗火力不集中。

「大多數人的功利」的看點在制度是不是制約權力，這不是嘴巴說兩聲就可完事的。要這麼想：權力的腐蝕性能把人形都可腐爛沒了，幹這行業的人本來就不比一般人乾淨，經過權力的腐蝕，比一般人還骯髒。權力可甲天下，可為所欲為，權力是「萬惡之源」。「為大多數人」這一理念，只能放在心裡而不能掛出來當招牌。

我們怎能不長記性，「絕對權力絕對腐敗」是在告訴我們要想法子不讓權力絕對；「權力是萬惡之首」是說天下萬惡來自權力。對權力，看的是行為，而不是聽它唱得好聽。有句俗話：「聽其言、觀其行」、「行為見事實，手段見善惡」；權力文明只有靠權力觀轉型（見《問題只在權力觀改變》篇）。

人類的社會文明，完全與權力有關，是權力拖住了文明的步伐。人類的歷史，權力先是赤裸裸的搶劫，用「君王神授」來張顯權力「天威」，用帝國的形象，野蠻的掠奪就成為了世界的主旋律；接著是混亂期，形形色色主義的年代。功利主義、馬克思主義的階級論、多元主義、包括福利主義都在幫權力穿上時髦外衣，給權力打包、給極權打扮，搶劫由外銷轉內銷。人們的權力觀至今還沒有完全轉過來，而哲學不但沒有刷

新，反而去做權力的粉絲。世界泡在功利主義的「有奶便是娘」裡，這些主義給了邪惡權力百分百的「理由」。

人類的文明，要走的路還很長，功利主義、階級論、福利主義、本位主義、民族主義、國家主義……都是我們要跨過去的坎。功利主義是這些主義的罪魁禍首。

然而，在這個舉世矚目的舞台上，表演者全是權力首腦。報刊、媒體圍著他們轉，天天如此，這種報導、視頻充塞了我們眼球。風光旖旎、排場頂級、公私兼併、超享受。搞領袖外交搞上了癮。知道嗎？這是在張揚權力。請讀讀柴契爾夫人的一段話吧，這段話也在《問題只在權力觀改變》一文裡。

權力又竄到天上去了。權力又登高在呼風喚雨，這些骯髒的人會把世界領向光明？他們只是借公濟私坐享榮華富貴，這是個崇拜權力的時代。歷史進入了不再是以前洛克、霍布斯、密爾、潘恩、傑弗遜他們覺得權力很臭的時代，而是權力很香的時代。權力盡情地在浪尖上衝浪。這個時代，權力風光迤邐。在老百姓的糊塗中，權力的形態悄無聲息地滋長、節節竄高。川普會真心幫助中國民主？中國民主了、強大了，對美國有什麼好處？他們只是在演戲罷了、分配功利罷了。

II

讓我們見識見識功利主義。在《當代政治哲學》裡是這麼介紹功利主義的：

能夠為社會成員創造最大幸福的行為或政策就是道德上正

當的。幸福、福利、或福祉是功利主義的一種綜合道德理論，應該公平地對待社會的每個成員。功利主義的判斷標竿是是否有可識別的好處，有沒有增進的善和有益的作用。功利主義是針對偏見和迷信的最強有力的武器，即兩個直覺：第一、人的福祉是重要的；第二道德規則必須依其對人的福祉的後果而受到檢驗。對每個人的福利要效用最大化。

在另一本書裡是這樣介紹功利主義的：

真理就是有用、有用就是真理。（《西方哲學史》全增嘏主編，上海人民日報出版社）

使人能達到預期的目的和效果時，才是真理。它是有用的，因為它是真的，或者說它是真的，因為它是有用的。（《實用主義》商務印書館）

說觀念的真理性在於它有用和有效，就是指它能符合人的需要、滿足人的慾望。（《西方哲學史》）。

威廉・詹姆士說：要是真觀念對人生沒有好處，或者說真觀念的認識是肯定無益的，而假觀念卻是唯一有用的，我們的責任就會迴避真理。

大講「搶到功利才是真理」，這是在攪局。至於搶到手就是「「符合人的需要、滿足人的慾望」、搶不到就是「「對人生沒有好處，或者說真觀念的認識是肯定無益的」

III

我們的思維要升級。孟德斯鳩說的滅毀人類的「十惡」是

偉大的總結，體現了人類最高智慧，人類要免遭毀滅就得以孟德斯鳩說的「十惡」為誡。「沒有制約的權力」雖在「十惡」的末位，卻是十惡之首，這是人類的死穴。權力引導著整個社會，影響著世界的太平。大家忽略了很重要的一點，我們正一輩輩的「陣亡」，我們正在一代代的不幸，這筆賬理應要與權力即興的算。人的命運是一輩輩一代代計算的。

權力的形態決定在制約。不管功利主義把功利解釋謂什麼，都逃不了權力要制約；我很佩服那些美國的先輩們是怎麼討論出美國憲法的。不管馬克思主義用什麼新概念來打扮他自己的權力，也決定權力有沒有制約這條真理。權力文明、國家文明，國家文明、世界文明。

功利主義說了一大堆話，都是可被權力當槍使的，我懷疑功利主義有這個居心，甘願做權力的狗腿子。我的文章本來逐字逐句的批判了功利主義以上見解的，因嫌文章長沉而精簡掉了，瘦身重新換了個說法。

我們要意識到，工具論比理想論更重要，實現理想的工具才是我們的重中之重。我們的分歧不在「概念理想」上。思考功利主義上面的這些話，只要抓住兩個字「制約」，制約就屬工具和方法。我們要考慮：(1)對權力有沒有制約作用，「要把權力關進籠子裡去」；(2)這些話會是不是會被權力利用來唱歌，這些話是不是可被權力來作唱詞，如能作唱詞、作風景畫，就是垃圾食品。

要把「相信」看作在合同上簽名，甚至是在簽賣身契簽

名，我們與權力的關係是契約關係。一張合同要有哪些方面的條款切。

　　謹記，最要管控的是權力，功利兩字不是制約的工具！如果以前的歷史沒有制約權力的話，再這樣下去，權力還將毀滅人類的未來。

Part **12** | 這個和尚唸
的不是好經

這個和尚唸的不是好經

一、歷史的步伐跌宕起伏

世界正當盛行多元論，人類社會再次風沙瀰漫。權力還沒脫去封建極權的袈裟，就借屍還魂，穿了馬克思的「社會主義」外衣，又活了過來，那馬克思主義的權力是怎樣的一種權力呢？打著「無產階級」旗號的專政，實為極權復辟。這極權，前有功利主義鳴鑼開道，後有多元主義保駕護權，閃亮登場。人類的智力進入了法國哲學家奧古斯特·孔德所說的形而上學期，即玩概念期。

功利主義玩的是功利、成功這些概念，把功利作了追求的主義；馬克思主義就編了許多漂亮的新概念來奪權，不擇手段、以成功為信仰；多元主義就玩「多元」來保駕。前呼後擁。人類的智力走偏了還不知道。

孔德說人類的智力有三期：即神學期、形而上學期、理性期。理性期就不用解釋了；神學期就是封建權力期，封建主義的特徵就是高度極權，皇上是天，一言九鼎，君王神授，特權世襲；這就是封建極權。大凡權力形態，只要權力說了算，權

代法、權就是天、人民沒有發言權的，就是封建主義的專制極權、就是封建主義色彩的權力。封建主義所指是權力形態，只要符合這種形態的，就是封建主義、封建社會，社會中的帝王將相的稱呼及名堂則在其次。

概念和事實不再「絕對對應」；概念替代不了具體的情況，更沒畫出「老虎的骨」。這「老虎的骨」是什麼？只要是「絕對權力」，就是封建主義。中國社會的昨天還是大明王朝，錦衣衛、東廠的劣跡歷歷在目，過了一夜就換成了一批新人種，既然還是這批人種，會改朝換代？這權力的詬病就會消失在新「無產階級革命」裡？

「老虎的骨」就在權力的形態裡。叫不叫皇上並不重要，把皇上叫成總統、主席、書記不就得了。

概念本身是形而上學的產物，我們這個社會深陷在「概念事實」裡，而「概念反映事物的特徵」（《哲學大字典》語）正在滑坡。所以孔德說我們的智力在「形而上學期」。這形而上學正在養成人類許多詬病，形而上學最大缺點是脫離事實的具情、和所指的對象不「對應」，我們的社會進入「概念『事實』」期。在這個階段裡，概念亂天下。

某一權力打概念牌，於是分成了東西方兩大陣營，冷戰不休。來了個和尚出來唸經，唸的是多元論。

世界越亂，此等理論香火越旺，此等理論越旺，世界越亂。唸多元經世界能平和下來嗎？世界從功利主義起，智力所走的路已離開了正道，走不直了。

人類的倫理接二連三的出錯，功利主義、馬克思主義、多

元論一個接一個都是在概念上做文章，特別是馬克思主義，製作了許多新概念，把階級性格式化，還教條的使用，把新概念往「實在」（胡適語）上貼。往身已身上打扮，往別人身上打扮；把無產階級、資產階級、階級、黨性、政治路線的標籤往事實上貼，把事實貼上右傾、左傾；貼上革命、反動，就 OK 了。這不是權力一言九鼎是什麼？這不是權力說了算是什麼？

權力形態對峙成了「意識形態」對峙，於是出來了一個和尚唸多元論的經。

當今世界是兩種權力形態在鬥爭，胡適在他的《四論》裡說的「具體」，今天我才明白「具體」裡的有重大哲學意義。那就是，說事講理要情況，情況要越具細越能說明問題。胡適在說，概念替代不了事實（實在），說事實要越具體越清楚，情況分級數。說成「民主與專制的鬥爭」要比說成「東西方的權力形態的鬥爭」或「社會主義與資本主義權力形態的鬥爭」更深入一級，明白也深入了一級，情況的級數越高越清楚，這就是胡適的「具體」。

我們先來見識一下多元主義的言論：

二、多元主義的代表言論

多元主義：多元主義對個人主義和集體主義都持否定態度，多元主義不以任何一種單一的價值作為自己的理想。（這是在撒謊，從所提的三個臭名昭著的問題便知）。政治多元主義認為，人類的天性是多元的而非一元的，世界與人類社會也

是多元的。國家也是多元的國家。（在真理的爭論過程中可多元，爭論的結果走向一無，任一事情裡都有一元性的存在。）按照「團體人格理論」，國家與其他社會團體在本質上是平等的，國家在性質上只是現代多元社會中形式眾多的團體之一，因此國家不應當是社會全部權力的壟斷者（這話牽強附會，是片面的，在磨嘴皮子）。多元國家實行最大限度的分權，也包括職能性分權。使公民的福利和個性得到充分的發展才是多元國家的終極價值，多元國家所要求的統一和秩序不過是實現這一價值的手段。從這個基礎認識出發，多元主義者反對政府過分干預社會經濟事務，反對政府過多地行使權力。（這又在撒謊，不是所有的權力都是這樣的，這話反而證成了權力形態是一元的。這是不分應然與實然原理、不懂應然與實然原理說的謊。）

按照「團體人格理論」，國家與其他社會團體在本質上是平等的，國家在性質上只是現代多元社會中形式眾多的團體之一。多元國家實行最大限度的分權，也包括職能性分權。使公民的福利和個性得到充分的發展才是多元國家的終極價值」，「使公民的福利和個性得到充分的發展才是多元國家的終極價值」（這是把應然話當實然話）。

社團決定個人。社團先於個人。每個人生下來就是某社團的成員，而不是孤單的個人自由地選擇或自願地組織成某個社團（這是三個臭名昭著問題之一）。

其次，社團決定個人或自我，而不是相反。個人或自我是在社團的傳統文化、道德規範和意識形態等等的薰陶中逐漸形

成和成長起來的。正由於此,個人或自我不能超越時代、歷史和種族等等;超越歷史時代、種族等等的抽象的個人是虛構的。當然,不應該完全抹煞個人或自我的自主性和創造性,但這種自主性和創造性也只有在社團中才能得以培養和發展。它們受社團環境、時代(把社團、環境、時代合併了來用)的制約,離開社團,就沒有個人的自主性。麥金太把這種在社會歷史條件下形成的「主體「稱之為「徹底情景化主體」、真實的主體;而把羅爾斯的主體說成是抽象的、「徹底脫離肉體的主體」、「幽靈」。

泰勒認為:個人只是社團的一個成員,他們不能離開社團而孤獨生活。個人的思想、行為都是與社會(社團)密切相關的,是一定的社會關係決定的(又扯成社會),因此,只有把個人的思想、行為等等放 在一個整體性的「故事「或」敘事」中加以觀察才能有意義;而個人的「敘事」又是與其他人的「敘事」結合在一起的。

「但這種自主性和創造性也只有在社團中才能得以培養和發展。它們受社團環境、時代的制約,離開社團,就沒有個人的自主性。」

人的權利是先天的、還是受後天的歷史條件所制約的?(這是三個臭名昭著問題之二)。「自由主義認為;個人權利是絕對的,神聖不可侵犯的。社團主義反對這種觀點,認為不存在這種至高無上的天賦人權。」(這是三個臭名昭著問題之三)。

三、批判

多元主義所言的理由比多元這個概念還噁心。

多元主義上面的這些理論可見都是為了一個目標：槍斃個人的自由；讓權力強制個人、權力代表個人，要個人服從國家（政府、權力）。

最不可容忍的是：多元主義所提出的這三個臭名昭著問題。算是多元主義說的核心理由吧。這三個問題都是講的：權力強制個人、個人服從權力，為權力侵犯個人權利製造輿論。多元主義提出這三個問題原來想與人權公然對抗！

多元主義打的算盤是這樣的：先在概念上做文章，在元、社群社團上做文章，把國家說成社團，再供為元；你見過多元主義把社團說成國家嗎？從來沒有。再提出三個臭名昭著問題；然後撒點謊，說點牽強附會的理由，又用應然話來說國家政府。這如同打扮實在的權力，掩飾權力做出的許多反動的事實……一路上都在闖紅燈。

這些事實就是胡適在「四論」裡說的「具體」，具體是講級數的；「事中言理、理從事出」是要講情況的級數，級數越高越具體。

多元主義見世界爭吵不休，就學功利主義不負責任，玩概念、想出名，故意不講事實、不講具體，整個世界都在反對權力的極，因為這個極是萬惡之源。多元主義不僅不指責權力的萬惡，不加入制約權力的行列中，反而把喪盡天良的權力說成多元。

　　權力形態沒有多元，不管它以什麼名義、打什麼旗號，打伊斯蘭教旗號還是打共產主義旗號，它呈現的性質、它的表現、它所呈現的問題只有兩元，不是民主就是專制；人民不是言論自由就是言論沒有自由；不是權力說了算就是讓人民也可說話；不是權大於法就是法大於權。權力有它的基本物象，是不以「名義」、「旗號」、「意識形態」為轉移的。不是民主就是專制，只有程度差別。認為權力的形態是多元的，這是粗心大意的說法，根本就沒有探究過，是不深入的。

　　闖了無數個紅燈；犯了無數的守則：

1・提出那三個臭名昭著問題。

2・玩概念，把國家說成社團，（從來沒見多元主義把社團說成國家）。

3・好把社團的（反極權的）理用在國家身上。

4・把國家說成應然的模樣，替代實然中的國家。

5・槍斃個人自由，慫恿權力代表個人的意志、能動性；要個人服從權力；讓權力侵犯權利。

6・犯真理是多元的錯，把真理說成是多元的。

7・多元是個假概念，這個元要打上引號，這是在玩「元」這個詞，這個「元」字只是爭論分歧的各方，只是結論走向一元過程中的現象，不能當「結果是多元的」來吹捧。

　　我們進一步來講講「社團」。多元主義把「社團」當「國

家」的解釋是整個多元論的支點——也是盲點。雖然前面已講得很到位，但還應該補充一些。

多元主義所用的原理就是人權中的自由，個人的一個很重要的政治權利，這是孔子說的自由——「己所不欲勿施於人」。這是理性的自由，是人類的最低也是最高的原則。這個自由原理有幾個關鍵詞：權力（國家）、個人、和侵犯。

權力的基本物像是走極端，走極端的後果就是產生萬惡，侵犯民權。多元主義攻擊的理由是「傳統自由主義」提出的「天賦權利」（多元主義的鼻祖桑德拉一邊反對「天賦權利」，一邊卻使社團利用這個「天賦權利」），為什麼「天賦權利」裡自由那麼重要？為什麼要加「天賦」這兩個字呢？這是老天爺給加上的；這是有人跳出來所對說個概念。這自由是針對權力不讓「民由之」的自由，是社會公正、民主、人權的保證；自由的意思是有所指的！這自由是反權力的「不使民智之、不使民由之」的反作用（見《論大秦的強國》一文）。

這裡的自由所指不受權力的加害的意思，公正、民主、人權離不開這個自由。極權不讓人民自由是為了「不使民智之、不使民由之」！所以，權力不讓自由就意味著權力要侵犯個人權利。這「由之」可解釋為「老天爺給的自由」，即老天爺不准權力侵犯民權，不准權力「不使民智之、不使民由之」；這「由之」是符合孔子說的「己所不欲、勿施於人」原則的自由。這自由是針對權力的「不使民智之、不使民由之」的「由之」，不是天馬行空的自由。「不使民智之、不使民由之」是

因為權力只想讓老百姓乖乖的服從，任其魚肉。

　　權力的「不使民由之」，民的所指對象還包括社團、社群。誰也不想逆來順受，「逆來順受」是違反孔子的這條即是人類的最低守則又是最高守則的原則的。再說人類智慧的發展需要自由，這種自由不違反孔子說的「已所不欲勿施於人」。權力同樣不會允許社團「由之」，這是權力基本物象裡的腐敗。國家是權力的使者，社團、社群又是國家權力的受者；個人是社團的權力受者，這好比統治者與被統治者的關係，兩者是對立的。

　　國家怎麼能借用社團這個名稱呢？見過多元主義說過社團就是國家的話嗎？沒有。為什麼不說？因為說不出口。社團的這個理本來就是國家侵犯所致，怎麼國家借用了社團的理呢？而社團又借了個人的「天賦權利」，產生的卻是國家用這個理來打壓個人；這體現的是多元主義心中有鬼、去為國家權力服務，這是在幫統治權力的忙。

　　我們根本想不到玄機就在一個元字上、一個社團的詞上。多元主義自以為找到了一個「元」字、再玩玩「社團」、「社群」這兩個概念，就可建立一個主義，以對人類、對世界不負責任的心態想建立一個新主義、新學說，不自省一下自己的理論是不是順溜，故意混淆社團與權力、社群與國家這兩個事物的區別，玩概念玩出三分在理，不顧其中本質的七分不像。強詞奪理、牽強附會。我們人類的智力會欣然接受此等歪理，這

只能證明人類的智力如此脆弱。大家的腦子又一次進水了，難怪我們的進路會走歪了。

　　人民像個無頭蒼蠅，無所適從；又像圈在牧欄裡的牲口嗷嗷叫；各效其主、各食其果。被政治販子當槍使，互相撕殺。

　　人類的歷史步伐跌跌撞撞，這種走前退後的現像已屢見不鮮。這個多元主義，就是拉歷史往後走的主義，給種種統治、種種的權力吃了顆靈丹妙藥、打了一針雞血。

　　世界多元吧，世界不在多元中毀滅，就在病毒中毀滅。

　　在人的世界裡，每樣東西、每樣產生的東西都有、都要論好壞對錯，講理是人這物種的天性。多元主義最大的毛病在於沒有原則，講和氣共存、不分是非、不爭論好歹。「社團」兩字不是原則。應用一個理論時，不能有意亂點鴛鴦譜；要注意「理境三明」。

　　不要在世界層面上主張國家多元化。要國內社群多元化，政黨要多元化。每一元都得講理性、講人權，講個人自由。舊時遺留下來的權力觀必須更新，權力觀就是權力要有怎樣的理念、為誰服務，為什麼？。

　　我發現，邪惡的極權到處都在找可利用的理論。

　　權力形態沒有多元，不管它以什麼名義、打什麼旗號，打伊斯蘭教旗號還是打共產主義旗號，它呈現的性質、它的表現、它所呈現的問題只有兩元，不是民主就是專制；人民不是言論自由就是言論沒有自由；不是權力說了算就是讓人民也可

說話；不是權大於法就是法大於權。權力有它的基本物象，要不民主要不專制，只有程度差別，沒有性質差別。認為權力的形態是多元的，這是粗心大意的說法，根本就沒有探究過，是不深入的。

提醒一下多元主義：「多元」只是爭議過程中的現象、是產生結論過程中的現象，別把過程中的產生的分歧現像，當爭議的結論來吹捧！

Part **13** | 問題只在
權利觀改變

問題只在權力觀改變

我們來聽聽柴契爾夫人的一段話：

「我們這時代最大的問題是，政府該花你多少錢，你應該給自己家留多少錢，我們永遠不要忘了一條真理，政府不掙錢，錢是老百姓自己掙來的；我們這時代最大的問題是，政府該花你多少錢，你應該給自己家留多少錢，如果政府多花錢，那它只有榨你們的錢。壓根沒有什麼『公款』，別想著總有人買單，只有納稅人的錢，那人就是你。」

聽聽人家所想的問題到了什麼境界，這是權力該拿人民多少錢的境界，柴契爾夫人不是要我們說清楚、算清楚數據，這是說不清楚、算不清楚的，柴契爾夫人說這話是要我們在權力觀的問題上思考要改變，這是最先進的權力觀。

她想制約權力，權力不可威風八面、作威作福。柴契爾夫人說得多好啊，說得多智慧，又具體問題又突出，她的權力觀之新，新得遙遙領先，這道題無解勝似有解，解答了許多、許多……解答了五千年來的糾纏，千言萬語歸結於「我們這時代最大的問題是，政府該花你多少錢，你應該給自己家留多少

錢」這句話。

　　這五千年來，權力花老百姓的錢太多了。天上飛的、海上航的、地上跑的、廣場上維穩的、他們貪的……老百姓口袋裡的錢多了，貪官的錢就少了，這話是世界上的貪官最不願聽到的。大量的貪官是怎麼形成的？極權是形成貪官的溫床。老百姓越不敢吭聲，貪官就像「野草」，春風吹又生。

　　貪黑的錢越多，人民養家餬口的錢就越少，要我們思考權力腐敗用的是老百姓的錢，是要我們瞭解特權得怎樣……

　　這狀況我們的心裡一清二楚。為什麼大小官員財產要公開？這是堵絕貪官的最好辦法，這不是要公開官員的隱私，這是公開這財產是不是來得正常、別的國家都通過了大小官員財產公開政策，到了我們的手上變成了穩私權。為什麼我們國家坐在人民代表大會堂裡的 99．99%以上的「人民代表」反對公佈官員的財產？上樑不正下樑歪，竟然發展到校長嫖自己的小學生，法官用贓款集體嫖娼。為什麼外國銀行公佈世界上所有貪官銀行的存款數時，我們的外交新聞發佈會上第一個猴急？這不是「此地無銀三百兩麼」？臉皮不要厚到如此地步，這不是駝鳥把頭埋在沙堆裡麼？以為大家是三歲小孩？

　　我發現，除了在概念上說謊外，老子說的每一個常，不管是這個常、還是那個「常」，邪惡的權力都可用來當理由。「欲加之罪，何患無辭」的話，兩句成雙，「欲說假話，何患沒有理由」。

　　如果權力不知廉恥，那整個國家也就不知廉恥。

　　中國社會壞就壞在權力沒有制約，以前皇權沒有制約，如今權力依然沒有制約。儒家思想的「勸策略」實踐了三千年還證明得不夠？我不是要爭中國人與其他國家的人有什麼不同，我是說昨天的中國人和今天的中國人沒什麼兩樣。昨天會發生的，今天照樣會發生。所以今天的權力形態依舊不作為奇，經過辛亥革命、經過民國時期，我們只是學得了一些新概念罷了。

　　毛澤東鬥天、鬥地、鬥人，就不知道要與權力的腐蝕力量鬥，越來越著迷權力，執迷在他個性裡，不吸收科學營養，只愛讀朝權書。可能他也反對封建主義，卻在權力中走火入魔，他以為信仰了馬克思主義，就是馬克思的材料製作的，百毒不侵，馬克思主義最大的缺點在哪裡？看自己看人家的標準不一樣。因為不講科學、不講人性，導致他們代表無產階級、代表勞苦大眾、代表人民，其實這個權力心中最無老百姓，不知道省視自己的人性；因為不講科學，就不知道權力是人的世界裡的物質，它有固定的物象——腐蝕力。以致中了權力的毒，權力回到了封建主義的皇權。使共產黨的權力越來越錯，置共產黨的極權專制於歷史的被審判席上。

　　權力不能沾政治的血腥，一沾血腥，權力的罪惡像滾雪球那樣隨著他的每次政害運動越滾越大。為了權力不沾血腥，所謂的政治案件都要公審。

　　中國的敗壞就從大明王朝加速，大明王朝的「錦衣衛」和

「東廠」「西廠」歷歷在目。就像發生在昨天。大明王朝是封建主義的頂峰時期，封建的權力形態得到充分的發展。所以，封建主義已發臭。現在的封建極權只有披上一件外衣（主義、概念）復活。人類的智力又要經受一次考驗，還將經受一次考驗，那就是軟體編程的考驗，軟體編程的經濟用途正轉移到政治用途，軟體編程最涉及權力問題。

僅管柴契爾夫人講的是錢和物質生活，這是人類改革權力的結果，是五千年來人類探討權力、與權力鬥爭的收穫，充分體現了權力觀的新氣息！柴契爾夫人講的不盡然是錢和物質生活，這是多項人權的結果，權力該還給人民了！我說過：「權力文明、國家文明，國家文明、世界文明。」

我們必須繞開「意識形態決定權力形態」問題，這變成了物質為意識轉移了。我們的智力要跟緊到柴契爾夫人的「政府該花你多少錢，你應該給自己家留多少錢」的境界裡。由此可見，在權力的問題上，西方與東方、「社會主義」與「資本主義」的智力，拉開的距離不是幾百年，而是兩個世紀。一個還在皇權極權期，一個已考慮把權力還給人民。

這五千年來，權力從管理墮落成統治，再從統治墮落成奴役，魚肉百姓。隨權力的墮落，權力觀也隨之墮落。世界的權力形態怎麼會兩極分化呢？這是由於馬克思主義在作怪，極權有了一件時髦的「意識形態」當外衣，如果歷史沒有馬克思主義這回事，人類的社會會有怎樣的進路呢？

　　柴契爾夫人的這段話，化了人類五千年，老百姓盼了五千年。為什麼柴契爾夫人還要對全世界說這番話呢？因為這世界的權力觀還是舊的，是開古時烙下的，許多國家的老百姓至今還踩在權力的腳底下。權力高高在上奴役了人民五千年。

　　這五千年的歷史告訴人們：權力是最需要管控的。制約這個給我們造成不幸與奴役的統治權力，與情與理都是為被統治者好、為我們老百姓好。柴契爾夫人講得非常樸實簡潔，改變權力的形態首先要改變權力觀。

　　權力是萬惡之源，人類走到今天，有些國家之所以文明不起來，就是權力所致。

　　在我的文章《應然與實然》裡有首詩——《聖之歌》，也講到了這個問題——「我們被權力趕進了各家的柵欄」。在權力的鞭子下，人民做了幾千年的牲口。這些牲口會有怎樣的權力觀？

　　最近有個帖子，一個德國教師來中國學校教學，不久就不幹回國了，丟下一句話：「中國的學校教育簡直是犯罪。」

　　這就是我們受到的教育。權力從幼兒園教育起，教育了小學、中學、大學的教育結果。人會像怎樣的動物？人就有了一輩子的「正統的」「意識形態」，就不再是上帝的了，人就站不直了。這就是那詩裡的話——「我們被權力趕進了各家的柵欄」。

這說明學校教育是多麼的重要，它關乎人類一代又一代的智力，關乎人是做馬還是做牛。好像孟德斯鳩的「十惡」裡沒提起教育。良好的教育只要一刻，無賴的教育需要化一生的時間；只要良好的思想教育一刻鐘，邪惡的教育就崩潰。這叫邪不壓正。我是不看好人這物種的，人是環境的產物。可能與我生存的環境有關，我的社會環境到處都在黴變——智力的黴變。要打掃這種黴變，只有靠學校教育這一招。

權力像石頭，因為有權、因為它掌握著國家機器、因為它掌握錢財。所以權力像石頭，這權力一生成，就丟在茅坑裡，所以舊權力像茅坑裡的石頭，又臭又硬，與它作對如「雞蛋碰石頭」。不要看這塊頑石，我們的思想在跟進，它也在跟進，「意識形態」就是權力跟進的麼蛾子。（見《這不是意識形態不同的原因》一文）權力文明從權力觀改型開始，只要權力觀改型了，接下來才會有權力形態的改變。

核心——權大於法還是法大於權。五千年的歷史告訴我們，最需要管控的是權力，也是最不好管控的。

權力是人類社會進化的重大演進，它的文明與野蠻，標誌著人類智力發展的兩大階段。這個演進對人類來說相當於物種改變，這對人這物種來講可說成兩代不同的人，如同兩個世紀更迭。為什麼這個嶄新的世紀遲遲不能到來？歷史告訴我們：就是因為權力這個老妖在百般阻繞。

權力轉型不靠武力。這個世界還沒有出現過不以武力、暴

力解決問題的動物，暴力有明顯的功效，但後遺症罄竹難書。出現這樣的物種，標誌著新世紀的到來。這智力相當的高端，大家的權力觀能轉型，說明人有了物種性的進化，說明人已進化到文明時代，也是孔德說的「人的智力、人的社會從形而上學進步到了理性階段」。

凡是相當於世紀性的物種更迭，對於自然界來說都來之不易。人從神學階段進化入形而上學階段來之不易，從形而上學再進化到理性階段更是不易；為什麼？這與人的品種有關，除非通過學校教育，聯合國是不是會重視世界性的學校教育呢？

人要從形而上學的錯誤中走出來要比從神學階段走出來更難，因為形而上學包羅萬象。這兩階段都受著智力、權力影響與阻繞。智力高，推動文明進步，智力低就配合權力阻繞文明的進步。有詐的偽「意識形態」，是形而上學的頂峰，我正在戳穿它的把戲，真是高處不勝寒。

要出現奇蹟唯提高人的智力、而人種智力的改良唯有靠學校教育。邪惡的權力都懂得要牢牢的把住著學校教育，而聯合國卻對這個領域無動於衷。聯合國一定要想方設法把學校教育攬入懷中，哪怕攬到一節課也行。這難度很大，但這不是放棄這個領域努力的理由，試試想想辦法，辦法總是會有的，這是救人類的唯一辦法。

誰知道會不會出現權力觀轉型的物種。我們要清醒地意識到「快刀斬亂麻」，要改變權力形象，首先要權力觀轉型，先權力觀轉型再說，這只要大家意識到：權力是最需要管控的。權力是老虎，要把權力關進籠子裡去。不要受「西山老虎要吃人、東山老虎不吃人的」的假「意識形態」所蠱惑。

怎樣改變權力的形象？要把權力當基本物象來研究，權力不因「意識形態不同」而改變的，它是這個世界裡的實在，是實實在在的存在，有它的基本物象，人類要排除來自權力種種干擾的說法、理論和見解。

對權力的認知要放到學校裡去授課，學校教育要有獨立性，權力干涉也罷，不干涉也罷，只要讓學校教授人科知識、社科知識。學生會有一個應然的權力觀。聯合國要以此為第一要務，要從「一課一報」開始，先把它抓在手裡。只有這樣，人的智力自會普遍的提高。當智力達到那高度時，一個新物種形成了，一個新世紀出現了。

雖然稱人為高級動物，這稱呼把我們人類都叫暈了，叫得人自己不知道自己幾斤幾兩，不知道要探究自己、認識自己，忘了這高級還有程度問題、即數量問題，暈到自省都不知道了。哲學的本質是研究人的一門科學，而不是搞漿糊。首選要研究權力，以及圍繞權力的那些說不清楚；其次要研究人的語言，在講之前一定要懂得語言的性能。說不清楚是研討得不夠

充分的原因，不夠充分是不讓講的原因，於是問題歸結到誰讓講誰不讓講，這就是民主與專制的本質意義。也就是權力形態問題。自以為人是高級動物，不思量自己還是個動物，是不探究人的人這物種的主要原因。

人有個高級的大腦，但智力千穿百孔，經常進水出水。

在權力問題上高級了？我們往往把權力這一行當的人視為人傑，其實他們的品行比一般人還不如，他們一天到晚在研究如何騙人。正因為我們把權力看得如此高貴，把其中的人看得如此超凡，我們的權力觀到現在都無法更新，要知道這個問題是多麼的簡單，權力只不過是吃人的老虎、是老妖，權力不但是老虎，它對人的腐蝕力量也超強。

在「意識形態」的調教下，我們只知道東方西方、社會主義資本主義；只知道「西山的老虎要吃人，東山的老虎不吃人。」由著權力在民主自由、公平公正、真理正義上搗漿糊、磨嘴皮子，知道原因在哪麼？就是以為自己是「高級動物」。就是我那一首詩《聖之歌》裡提醒的——「我們被圈進各家牧場的柵欄」，這是在提醒，人像牲口那樣被關進各家的欄圈裡。人只有智力超高才能從牲口變為人，這對人類來說相當困難，人類在討論之前，極權就展示了它的鐵拳。現在只能說人類所謂的高級是種「低劣的高級」。

我們身上的毛病實在太多，這些毛病都是性能性的，我們之所以不在乎這些性能性的毛病，就在於認為我們是高級動物。「我們是高級動物」的成見阻礙了人類正確地認識自己，

特別是對自己的缺點。如我們能打破這個成見，對人的種種表現作深入科學的研究後，就會發現人這物種太大興了，許多問題都出在性能上，所以今天，世界會這麼的不太平。

　　哲學的首要任務就要如同蘇格拉底所說的：認識自己。

　　哲學的任務是在提高人類的智力，醫治性能上所出現的毛病。權力文明國家文明，國家文明世界文明。權力依然是舵手，人民只是划船的水手。這個世紀依然是權力特徵，權力依然在做歷史的主角……

Part **14** | 單科
知識分子

單科知識分子

I

單科知識分子也叫專科知識分子，在一門專業學科上是知識分子，在其他學科上並不很有知識，有一專科學問又關心社會人文的知識分子才叫多科知識分子，也叫社會知識分子、公共知識分子或人文知識分子。中國的知識分子有個特點，既使所謂的懂點哲學，也就會點花拳繡腿。

由於不懂哲學、不懂政治，就很容易被權力、被政治忽悠。何為「政」？「政」就是管理、「政」是機構；這政的觀念，反映了人類的進化，反映了進化是怎麼回事。這「進化」有兩種趨勢，在一些國家裡趨向憲政民主，在一些國家裡，這「進化」趨向於專制極權。

人民與權力的關係，無時不刻的存在，而且台上台下是不一樣的，權力在台下和你是同志關係，會來討好你，等奪了權、上了台，就是統治者與被統治者的關係了。再加上權力、政治是天下最富油水的第一行當，是百業之王；等到上台後，

可無賴透頂，只有它來奈何你，你奈何不了它。

其實權力就是撒旦，撒旦就是無賴、土匪、地痞，流氓，只是沒人敢這樣評價權力。

因為沒有哲學知識，一說哲學就搖頭說「太深奧了，離生活太遠了」。因為不懂本體論，才把別人的自以為是的「意識形態」當真相、真理；因為不知道概念論，才把「無產階級專政」當無產階級的；因為知識分子的自信，忘了什麼是虛、什麼是實，忘了「耳聽為虛、眼見為實」；忘了「事實勝於雄辯」。因為莫談政治，就像莫談無賴的「壞話」一樣，採取「惹不起還怕躲不起」的態度，忘了「欲加之罪何患無辭、欲加辯解何患無理」，等無賴使出種種手段時就後悔無窮了。

一群專科知識分子擠在十字路口，面臨著何去何從的政治選擇，他們面臨著一個文明題——農民造反用「階級意識形態」打包的「替天行道」，於是這群傻瓜你影響我、我影響你，傻了眼、乾瞪著，交了一份去留的答案，害得像胡適之流知曉哲學、吃透政治的人文知識分子（即多科知識分子）捲鋪蓋走人，被巨浪衝到台灣去了。

於是，革命被農民起義調包了，政權被一群魑魅魍魎劫持了，中國的歷史又翻到了農民造反這一頁。

這悶雷滾動在人們心中，滾動在中國的社會史上。魑魅魍魎依然在盡情表演。看了以下一則帖子《反思》，一目瞭然。

（此文發表在《參考閱讀》上，這不是炎黃春秋雜誌裡的那篇王蒙寫的《反思》，王蒙的反思遮遮掩掩的，「半抱琵琶

半遮面」，反思不出什麼東西。）既便他們原先不是魑魅魍
魎，而是一條條錚骨的漢子，包括毛澤東。毛澤東鬥天、鬥
地、鬥人，鬥得不亦樂乎。卻沒想到與權力鬥，沒想與自己的
權欲鬥，經不住權力的腐蝕，被權力打敗。可見這深層裡的原
因，權力的腐敗性比硫酸還厲害。

權力不可沒有制約，這制約權力的就是民主。真是一篇難
得的好文章、好帖子，勝過千言萬語的倫理，不過幾筆，就真
真切切寫出了魍魎們的九牛一毛。文章就要看這種講事實的，
今抄錄如下供諸位參閱。

《反思》（下）：

……然而吳法憲（編按‧解放軍中將將領）善良嗎？比如
吳在鬥爭已經被打倒的陳再道上將時，居然還動手打了他，但
吳在回憶錄中對此沒有絲毫的懺悔。

在迫害彭德懷時，劉少奇不夠積極嗎？在迫害沈從文時，
郭沫若不夠積極嗎？在迫害王實味時，艾青不夠積極嗎？在迫
害羅瑞卿時，楊成武不夠積極嗎？當年楊成武整起羅瑞卿來時
是多麼的心狠手辣！在迫害胡風時，周揚、巴金、吳祖光、丁
玲不夠積極嗎？也別忘了，在批胡風中的吳晗跳的最高；每會
必發言，他的發言最多，最帶頭，最激烈，最猛烈，最刻毒！
令人悲嘆的是：曾聲稱，「所有的人都可以平反，唯彭德懷不
能平反」的劉少奇，最後卻落得比彭更加悲慘的下場。據說在
關於劉少奇的處理意見上，周恩來就在上面赫然寫著「此人該
殺！」

　　誰能想到，彭德懷也以同樣的方式整過別人，人稱常勝將軍的粟裕便是其中之一。彭德懷最早給粟裕的罪名是十二條，其中三條最主要：「將帥不和」、「告洋狀」、「資產階級極端個人主義」。粟裕夫人說：「對粟裕的打擊都是來自革命陣營內部！」在中共中央的檔案館裡，有一份標號為「19660523」的會議紀錄。此份文件記錄了 1966 年 5 月 23 日的政治局擴大會議對朱德的嚴厲批判。地點在人民大會堂河北廳，令人匪夷所思的是，主持人竟然是劉少奇。劉少奇、周恩來、陳毅、薄一波、烏蘭夫竟然輪番對朱德進行了責罵。這些人如果在世，想到此事，一定會晝夜不寧、惶恐不安、如坐針氈的。

　　劉伯承的長子劉太行說：劉伯承與李達、蕭克等 58 年在軍委擴大會議上，以「教條主義」痛遭鄧小平、彭德懷等人的批判，幾十年不給平反，根子都是鄧小平，劉、鄧之間的矛盾在進軍西南以後就更處激化、且已公開化了。李達、蕭克在鄧小平復出後，曾寫報告給鄧小平要求對歷史事件給以平反，並讓劉伯承在報告上也能簽字。劉太行說：我爸爸對李達說：我一不簽字，二不指望活著得到平反，你們是「蚊子叮菩薩」，找錯了人！果然，李達的報告鄧小平沒有同意平反。後來，楊得志、張震二人去找鄧小平，要求給 58 年擴大會議受批評的人平反，結果碰了大釘子。鄧小平說：你們找來找去都沒搞清楚，58 年是誰負責批劉、粟、蕭、李等幾個人的，那個會的組長、負責人是我！你們不要再找別人了！張震說：我們還能說什麼呢，只有到此為止了。

　　盤居在我國最高領導上的這幫高官是不是像群魑魅魍魎？他們才是真正的牛鬼蛇神。

　　人在陰影中呆久了，便成了陰影的一部分。有些東西靠生命和時間，是無法帶走與沖洗乾淨的。即使抹去了，想必會在未來的某個時刻，以另一種形式與我們不期而遇。

…………

　　前面文章總結過一句話：國家狀況跟著權力狀況走，權力狀況跟著領袖狀況走。這位皇太祖用的是馬克思主義，馬克思主義的核心是階級論，提倡階級鬥爭、階級革命。奪權後交給誰呢？實際上交給「無產階級、勞苦大眾的代表」──共產黨，共產黨再交給這位皇太祖。

　　然而，憑什麼說這樣的權力形態是無產階級專政？憑什麼說代表人民呢？怎樣才能體現代表呢？

　　權力有它的特徵，有它的基本物象。那就是歷史學家阿克頓說的「絕對權力絕對腐敗」。要看出權力的這個特徵，唯有看事實、看制度，其次看制度的執行情況。這已可從蘇聯史達林的蘇維埃政權，中國的 AB 團、延安整風、王實味事件……就能看出，聞都聞得到這種權力形態的專制殘暴氣息。

　　「意識形態」、「政治路線」是派什麼用的？是用來派一個組織的號令，甚至還可以管住天下人的嘴不說話、不說真話。所謂的「無產階級專政」、「代表人民」都是些概念陷阱，是些行使極權的金字招牌，這些「新概念」、「新理論」、「意識形態」是「新皇上」管住人的蒙人把戲。

　　誰新概念最多？一個是馬克思，一個是毛澤東。為了愚化人民還編了無數的洗腦歌：「東方紅，太陽升，……」、「解放區的天是明朗的天……」、「大海航行靠舵手，幹革命靠的是毛澤東思想……」、「社會主義好，社會主義好，社會主義的人民地位提高了……」這首歌在美國的達人表演會上唱得台下人熱淚盈眶，怎麼會被美國人民一唱諷刺意味就十足了呢？

　　這船撐得好嗎？國家一窮二白不說，還撐成四千萬人政害死、四千萬人「自然災害」餓死；這船撐到「文化大革命」裡去了。就算這意識形態是他們的真意，難道無產階級專政非要政害死、餓死這麼多人嗎？用毛澤東思想就可以整死這麼多人嗎？用這樣的「意識形態」、「毛澤東思想」，權力形態就可以「冤案、迫害、殺這麼多人」嗎？我認為這是極權製造統治恐怖，威攝人民。

　　這群魑魅魍魎就是毛澤東孵育出來的，他們原本都是錚錚鐵骨，怎麼會變成如此齷齪的軟體動物了呢？槍林彈雨都改變不了這些人的英雄本色，毛澤東的政害運動卻能變他們為這麼噁心的軟體動物。怎麼就勾心鬥角成這樣？這是怎麼回事？個中的原因直到現在都還沒講清楚。往日的這些革命英雄和全國人民都陷進「階級論」、「階級鬥爭」的泥潭裡，這似是而非的階級論成了這一代人的瓶頸，階級鬥爭像《西遊記》裡一個妖怪的縮骨筋，把我們一個個人都捆綁了起來。

　　一個巴掌是拍不響的。但主犯該當何罪？從犯又該當何罪？為這個問題，我專門發了個帖子《評阿倫特的辯護》：

我說過，權力能把人調教成：

殘暴如狼；忠孝如狗；愚蠢如豬。

　　長在紅旗下的我們這一代，帶著紅領巾的兒童在歷史課上總是聽歷史老師褒揚農民起義、農民造反，說這是推動歷史前進的動力。當農民起義又造成下一個王朝時，老師又說，農民起義被封建官僚把持了，劫去了勝利的果實，意思是說這不是農民的錯，農民的革命覺悟是不會錯的。最著名的例子是唐朝的李淵李世民父子。當時我這稚嫩的心就犯迷糊，農民起義推翻了前朝迎來了新朝，換了個皇帝坐莊家罷了，過了幾百年，新朝又變舊朝，是推動歷史前進了嗎？怎麼又是沒完沒了的改朝換代呢？

　　起義怎麼總是被劫持呢？如果沒被劫持，起義成功後，農民會創造一個什麼樣的社稷呢？其實這是個權力問題、權力觀問題，在權力觀沒有更新時，農民造反只能是三十年河東三十年河西，那時的智力只有舊權力觀，這種舊權力觀只能是改朝換代、皇帝輪流做。那人類的智力誰來提高？由那些人文知識分子、哲學學者來提高。當然這些問題在我幼小的心裡都是朦朦朧朧的，思維也到此被「風」吹走，不被風吹走就會被「紅」抓走，連紅領巾都沒得戴了，這一條紅領巾對一個兒童來講是多麼重要呀，勝過一萬大洋。

　　政治的魔爪不能伸向幼小的心靈；不能利用學生，這是把
人類向毀滅的路上領，政治不能碰學生，誰也不許。

　　劫持不劫持、推動不推動，要看權力形態、看事實、看制
度，看權力犯下了多少的「冤案、迫害、殺人」，不是看權力
穿什麼制服，沒有哪種意識形態可犯下這麼深重的大罪、殺害
這麼多的人！如犯下這麼深重的罪還理直氣壯，那只能說明這
權力太邪惡。

　　為什麼我們國家把農民造反吹捧到天上去？這是褒揚農民
嗎？這是在利用農民的無知；這是在打壓知識和思想，打壓其
他階級的智力，因為農民的文化思想是壘底的，其他階級的文
明程度都比農民高，農民不應該為此可恥，應該為此光榮，但
為此而加害其他階層就可恥了。而利用農民的無知奪權就更加
可恥，這是在利用農民的力量，中國革命只有依靠農民的力量
才能成功。

　　農民的力量意味著又可建立一個封建王朝。

II

　　學者易中天在廈門大學演講說了一個詞，「買單」。想不
到民間用詞「買單」的背後具有如此豐富的意義，這個通俗得
不能再通俗的詞比「報應」、「咎有自取」、「善有善報惡有
惡報」這樣的用語更有價值、更具魅力。「買單」可以意譯為
「咎有自取」，「自釀的苦酒自己喝」。

　　近來，網上出現好幾篇寫那代知識分子命運的文章。我想，寫的人長吁短嘆，讀的人痛心疾首，嗚呼哀哉。

　　這些知識分子可謂知識分子菁英一代，他們可是頭頂著中國最牛知識分子的桂冠，給我們迎來的是個什麼樣的社會？這個社會創造了許多項邪惡之最：「說一套做一套」之最；愚化人民、控制人民之「最」；粉飾自己之最；骯髒之「最」；用歷史唯物辯證法辯解之最；不讓人民說話之「最」、只許州官放火、不許人民點燈之最。但都給「新民主主義」、「社會主義」、「百家爭鳴、百花齊放」、「中國特色」、「三面紅旗」、「三個代表」、「以人為本」、「科學發展觀」、「中國夢」化解了，全他媽的是文字遊戲，害死別人不算，自己還貪、還娼、還邪、還惡。著名女學者××在視頻裡總結說，我們這社會是希特勒的法西斯加史達林的「共產主義」。我說是「權力資本主義」即「封建資本主義」。

　　這最反動的政權就是那代知識分子選中並迎來的。同時，那代知識分子也用噴血的代價為自己的選擇買了單，他們付得起造成我們今天、明天、後天切難無盡的單子嗎？中華民族好不容易結束了前一個漫長輪迴，從水裡爬出，結果卻又跳進了火裡，又得重新再來一個輪迴，辛亥革命算是白推翻大清王朝了。那時代知識分子是那樣的著名，我們至今膜拜，靜下來一忖度，我們覺得他們活該又可憐、可悲又可恨。他們的命運在訴說著什麼？這群中國歷史上最聰明、最鮮豔的人群、號稱最富學問的知識分子，肩負救中國於苦難的重任，結果反把中國

推進火坑、自己掉進了但丁的地獄。

這群人自己都追悔莫及，那中國還能指望誰呢？

不問問這個教訓？

不問問他們究竟是怎麼會跌了這麼個大觔斗？

這不是太有價了嗎？

III

那個偉大的領袖說：工人農民是最革命的，而知識分子、小資產階級是四等人民，必須接受改造，當這個大騙子號召向工農兵學習的時候，知識分子的知識到哪去了？（有關知識分子是不是四等公民；知識分子的社會作用如何的問題，本文下面會著重論及。）

這是玩「革命」這個概念，用這個概念分化人類、在分等級！用「革命」這個概念，這群知識分子就看不懂了，還去附庸。革命這樣的詞就這麼難識破嗎？用革命這個概念就可分等級？這是形而下學的，分等級會有許多形而上學的負作用。就像趙本山在《烏龜與王八》小品裡說的那句話「你跳進水裡換了件馬夾，我就認不出來了？」知識分子的清高又到哪裡去了？清高怎麼立即又變成了畏畏縮縮的自卑？

農民有首《盤中餐》的詩，知識分子也有一首詩：

春夏與秋冬，

廢寢又忘食，
誰知文中言，
字字皆辛苦。

　　我們人類被馬克思主義絆了一跤，馬克思給人類上了一課概念課，人類的文明進入到了孔德說的「形而上學」脫離事實的階段，看問題脫離事實、講理脫離事實——「應然的概念、實然的事實」的時代；說一套做一套的時代；掛羊頭賣狗肉的時代；一切為了成功的時代。為了成功，一切政黨都向宗教學，學招術、學形式、學組織紀律、學極權專制。學得最精的是共產黨，凡是宗教，都有建立在幾點看起來很有道理、無可厚非的支點上，人們往往不去深究、置疑這些支點，而這些支點就是概念。如果吱唔不過去就動粗，就這樣成了人們的瓶頸、迷信，不但成了一般人的迷信，也成了廣大知識分子的迷信。而這些支點恰恰是偽贗品，是人們智力的盲點。

　　這正是哲學所要揭開的謎點，人們偏偏不愛哲學，過去的哲學非但沒有給人們留下好影響。還成了哲學貴族玩弄的扯皮沙龍。

　　一切的不幸來自於這種被人一么娥就慫了的自卑。這群人確實是自己專業的高手，卻是人文哲理的矮子。習慣於認為自己是正宗知識分子的錯覺，其實，在其他領域上，他仍然是白痴和傻子，傻得不配叫知識分子。直到今天，對知識分子這一事物的認知仍然存在著這份誤差，這份誤差不利於知識分子省

查自己，在不精通的領域中裡成了傻逼。在中國，這個誤區導致了去西方學了幾年的那代知識分子在 1949 年的十字路口選擇錯誤，造成一起曠世的傳聞，一起世界聞名的曠世劫難。

這就牽涉知識分子這個概念的正確性問題，並牽出人文知識分子（多科知識分子、社會知識分子、共公知識分子）這個概念。我認為這種概念不盡人意，知識分子應該分叫單科知識分子和人文知識分子。這事放在最後來說——

回放 1949 年，這麼一大群知識分子在命運的十字路口選擇往「左」走，不會是憑白無故的，應該帶副哲學眼鏡來看。

IV

1949 年，民國時期的知識分子在歷史分野的十字路口，何去何從？看似是中國知識分子面臨走哪條道、跟誰走，其實是中國知識分子沒有哲學真知的問題。

據統計，1948 年選出的 81 位中央研究院院士中，有 24 位選擇了出去，占全部院士的 29‧6%。其中 10 位是人文組的，占全部 28 位人文組院士的 35‧7%。

國民黨當局竭力要遷走北大、清華、北平專藝高校，後來又竭力想遷走浙大、復旦等大學，因校務會上遭到知識分子的抵制與反對，遷移不動。

北大胡適主持校務會，力主遷移，勸說不動；浙大遷校計劃遭到校長竺可楨、教授蘇步清、嚴仁庚及廣大師生的抵制。

北藝徐悲鴻堅決不離北平；校務會上得到了吳作人、葉淺

予等許多藝術家的熱烈支持；吳宓、陳寅恪、楊樹達、沈從文、浦江清、張元濟、竺可楨留下影響了許多知識分子，再加上新聞界有影響的知識分子，除了成舍我，包括王芸生、徐鑄成、趙超構、陳銘德、鄧季惺夫婦等幾乎都在香港登船北上；李四光回國，錢學森美國攔都阻不住要回國。

出版界、文藝界、學術界的情況也差不多，吳有訓、周予同、徐森玉、傅雷、錢鍾書、茅以升、馮德培、梅蘭芳、周信芳、袁雪芬不僅拒絕了國民黨的拉攏，不去台灣，堅守崗位，並且真心實意地擁護共產黨的領導。

夏衍看不懂了，無比感慨地說：「十月革命後俄國大量知識分子外流，1949 年新中國成立不僅沒有知識分子外流，連當時正在美國講學的老舍、曹禺都迫不及待返流。」這大概是兩國知識分子智力上的區別吧。

很多知識分子響應黨的號召，自世界各地回國建設新中國，只有少數知識分子堅守國外自由民主的陣地。

夏衍的話意味深長。他是共產黨人，共產黨文化的高官，深黯共產黨政治路線、文化路線的潛規暗流。他是經歷過延安整風的共產黨文化人，深知這個組織的政治氛圍。他的話很明確，大家卻不懂得去深思。我們只從表面來理解夏衍的感嘆、只當不同現象的一句口頭憚，沒當一回事，沒人去探究這裡面有一份重要的政治信息。

我們大體認為：絕大多數知識分子是出於不大願意挪動屁

股、挪動窩的人性癖習原故，必經自己的生活基礎、社會關係都在這裡；誰也沒有想到口口聲聲為人民大眾服務的、大講新民主主義的、紅遍半個世界的馬克思政黨是個政治騙子。沒有想到政治是沒有後悔藥的，一旦上了權力形態的當、受了騙，追悔莫及。

傅國湧在《大選擇》一文裡作過詳盡的分析，把那時代知識分子的願想和毛澤東、共產黨的方針政策作了詳細的比較，覺得兩者間差不多，其實差遠了，一個是誠、一個是詐，或說政治有詐，這是誠與詐的區別。政治的水深得很、不知道政治看的是誠與詐。這群知識分子看似老練有成，但都是半瓶醋，有了點專業知識就以為自己看得明白。有道是「外行看熱鬧、內行看門道」，權力、政治講的是厚黑學，只要權力到手，不要說說過的話不算數，到時，呼風喚雨也不在話下，就是憲法都能改。權在我手，天奈我何？

我們再具體的舉例幾位：

1951 年 7 月，正在美國芝加哥大學讀博士學位的巫寧坤接到國內急電，請他回國到燕京大任教，他隨即中斷學業回國。當時正在美國加州大學伯克萊分校任助理研究員和講師的李政道前往送行。巫寧坤突然問李政道：你為何不回去為新中國工作？（這裡就顯出新中國這個概念的哲學道道來）李笑著說：我不願意讓人洗腦子。此後的 1957 年，巫寧坤被打成右派，受盡迫害。同一年，李政道獲得諾貝爾物理獎。二十八年後，二人再度相會。此時，李政道是中國政要迎接的貴賓，報

紙頭版登著「愛國美籍華裔科學家李政道博士」從美國回來講學。巫寧坤是剛從牛棚放出來內部控制的「牛鬼蛇神」。當時，巫寧坤正回京辦理「右派改正」的手續⋯⋯

　　吳晗與胡適：吳晗是著名的明史專家。1948 年 11 月底，時為清華教授，祕密潛入解放區等待出任共產黨高官的吳晗，派人找到胡適，讓胡適留在大陸，不要跟著國民黨亂跑找死。當時中共許諾，讓胡適出任北京大學校長兼任北京圖書館館長。這裡盡顯中國知識分子對政治、權力的無知。胡適斬釘截鐵地讓來人告訴吳晗三句話：在蘇俄，有麵包，沒自由；在美國，又有麵包，又有自由；他們來了，沒有麵包，也沒有自由。這是他廣為流傳的「麵包自由論」。「麵包自由論」中有集權和民權思想的高見。

　　吳晗隨後以接收大員的身分，掌控了北大、清華。當他意氣風發時，越發認為胡適是典型的狗坐轎子，不識抬舉，是真正的「走錯了路」。

　　1962 年，胡適在台北因心臟病發作去世。蔣介石為之親挽──新文化中舊道德的楷模；舊倫理中新思想的師表。

　　出殯之日，台灣各界三十多萬人為胡適自動執紼，備極哀榮。成千成萬人為他哀悼痛哭，泣不成聲。從南京東路經過敦化路，松山到南港的路上人山人海，不論男女老幼，都站在路邊向胡先生靈櫬致敬。事後，國民黨政府將胡適寓所改為胡適紀念館；更有南港當地士紳李福人捐出了二公頃土地，開闢為

胡適紀念公園。想想，只是一個學人，竟然備受政府與民間的愛戴與長遠追思。

新中國成立，吳晗風頭正健，一路做到北京市市長。那時他還不知道自己活得那樣順利，是活在「順我者昌、逆我者亡」之中。其實，說起來吳晗活得還要風光些，胡晗的話法和胡適的話法肯定是不同的。不管像花瓶那樣活法，還是像哈巴狗那樣活法，心理狀態和尊嚴完全不同，總會有買單的一天⋯⋯

文革來了，1966 年，吳晗的《海瑞罷官》被強行揪上政治舞台，吳晗有一個革命的老婆叫袁震，袁是中共早期黨員，是一個思想極激進的份子，於是她首先被她賣命的信仰暴力批鬥，當晚被只有十歲的養子和養女用平板車拉到醫院，醫院因其身分拒絕搶救。凌晨，躺在醫院大廳冰冷水泥地上的袁震撒手歸天。死時，兩眼半睜，死不瞑目。這種知識分子到死都死不瞑目。

接下來該輪到吳晗了，他數次被迫跪在地上接受批鬥，受盡羞辱。在關押期間，他的頭髮被拔光，胸部被打得累積淤血，1969 年 10 月，吳晗被鬥死。死前未能見養子養女一眼，只留下一條滿是血跡的褲子。一位歷史學家到死也不明白海瑞是幫資產階級的忙、還是忙無產階級的忙？是走資派、還是保皇派？

除了胡適外，大家可以查查傅斯年、梅貽琦、錢穆、梁實

秋這些開溜的權威專家在外的光景。再查查除吳晗外，留在大陸的馮友蘭、陶孟、馬寅初、傅雷、河滿子、羅隆基、楊獻珍、葛佩琦、翦伯贊、顧剛、季羨林、顧准、吳宓、儲安平的遭遇。特別是滿腔熱血投報祖國的歸國知識分子的遭遇。僅僅因為缺乏最基本的人文常識，如祖國——國家——政權之間的區別。沒過幾年，夢想就被擊得粉碎。對別人來說躲都躲不及，他們卻飛蛾撲火、自投羅網，把自己的熱忱看得太高，根本沒想到，在中國自製（made in Chine）的階級鬥爭中，發這種愛國的高燒，簡直狗屁不值。

曾國藩大弟曾國潢的長曾孫女曾昭燏是傑出的南京博物院院長，也是著名的女考古學家，為了考古事業終身未婚，1964年從南京靈谷寺北塔跳下，自殺身亡年僅 55 歲。

1948 年曾昭掄與俞大絪夫妻兩人自美國回國途中，轉至香港時，曾給其在美國的弟子王瑞駪發函，讓其留美勿回中國。為何他們自己就拒絕了俞大維在台灣給他留的職位，而聽從引導，堅決回到大陸呢？1966 年 8 月，他老婆俞大絪被紅衛兵剝除上衣，用皮帶死命抽打，俞教授悲憤難抑，是夜仰藥自盡，時年 60 歲。

曾昭掄是曾昭燏的二哥，著名化學家，是中國最早參與原子彈研究的少數幾個人之一。1949 年後曾任教育部副部長。曾昭掄 1857 年被劃成「右派份子」，然後被分配到武漢大學進行改造。1966 年 8 月，當他的妻子因被鬥而自殺時，他不住在北京。曾昭掄請假回家料理妻子後事，但未被批准。曾昭

搵以頭拱地，面北而泣，直至淚盡泣血，昏死過去。1967 年12 月，曾昭搵在精神苦痛，病魔摧殘和殘酷批鬥下死去，時年 68 歲。曾昭搵死後無人收斂，任其在床上慢慢變質。幸有一侄子來探望叔父，才將其拉到火葬場火化，而後將其骨灰撒入長江，隨水漂去。

1969 年，曾昭燏的二妹，林巧稚的高徒，曾任北京第三醫院院長兼北京市衛生學校校長的曾昭懿，因家庭出身被紅衛兵批鬥，後被關押在宿舍反思。因門被從外面鎖死，造反派又忙於批鬥別的牛鬼蛇神，曾昭懿被活活餓死於宿舍中。

再來看看德高望重、潔身自好的學術巨匠們的慘狀文革爆發後，雙目已盲，渾身是病的陳寅恪工資停發，存款凍結。以中山大學「特號反動權威」被批鬥。最後陳寅恪被綁在床柱子的麥克風活活給鬧死了。

再看看骯髒的偽哲學大師馮友蘭是不是下場會好點不？馮友蘭先生使勁搖著尾巴。但毛始終不正眼看他，家裡有了郭沫若一隻哈巴狗，雜毛狗就不值錢了。

從美國回來的老舍、曾獲得諾貝爾文學獎提名的老舍，不少名家遭到他的嘶咬，他曾經一馬當先，批判俞平伯，批判胡適，批判胡風，批判「丁（玲）、陳（企霞）反黨集團」，批判章伯鈞，羅隆基，徐燕蓀，吳祖光，趙少侯，劉紹棠，鄧友梅，從維熙等，結果還是戴上了右派的帽子。右派的老舍，1966 年 8 月 23 日，老舍先生和其他 28 名作家及京劇演員被紅衛兵押到北京文廟，跪在焚燒京戲服裝和道具的火堆前被毒

打了幾個小時。1966 年 8 月 24 日夜，寫了《駱駝祥子》《茶館》《四世同堂》，寫過《看穿了胡風的心》《都來參加戰鬥吧》《掃除為人民唾棄的垃圾》的老舍，在北京西城太平湖投水自殺。寫了一輩子的文學人生，卻寫不好政治。

　　名氣這麼大的文學家都會做出不齒的行徑呢？難道他不懂何為下賤、何為高尚？難道他們不知道「富貴不能淫」？除了人性弱點、人格弱點就沒有意識上的弱點？老舍的思想肯定衝不破當局設的理論瓶頸，所以折服、甚至效忠於這權威思想。

　　這說明那是似而非的「意識形態」是何等的強大！為什麼堂堂一個文學家，思想會衝不開囚錮枷鎖，這就是自視很高不讀哲學的原故。

　　他們這些人的這個冤那，有苦說不出。中國知識分子的哲學知識水平令人擔憂。衝不破當局設的意識（理論）瓶頸是那代知識分子的通病，這裡舉黃炎培的故事作深入研究，摘自楊津濤先生的文章《黃炎培與毛澤東暢談「歷史週期率」》：充分說明一些知識分會的是花拳繡腿。

　　國共大規模開戰後，黃炎培將責任歸咎於國民黨，一怒之下辭去參政員，回上海賣字為生。

　　毛澤東給黃炎培吃了一顆「定心丸」：新中國成立後，不會如史達林那樣對民營企業「趕盡殺絕」（有沒有合同？又是句騙話、一張空頭支票），而會予以利用和發展。中共建政後，黃炎培被任命為政務院副總理兼輕工業部部長。（今天是

部長，明天可以……）

70 多歲的黃炎培成了政府主要領導，他不肯尸位素餐，不改直言本色。

對於毛澤東的從善如流，黃炎培很是感動，他在日記中寫道：「今如願了。」

1949 年後最初幾年的發展，讓黃炎培以為中國走出了「歷史週期率」。

學者朱宗震在《黃炎培日記》中也發現這樣一段內容：1952 年 8 月 4 日，全國政協召開常委會議，毛澤東在晚餐後向各民主黨派徵求意見，黃炎培表示：「三反五反」勝利結果，證明 1945 年在延安毛主席答覆中共能用民主打破歷史傳統的興亡反覆的週期率是正確的。

反右時，黃家六個子女和一個女婿都被打成右派。「文革」開始，夫人姚維鈞成了黃炎培的替罪羊（黃已在 1965 年死去），遭受拳腳棍棒、人格侮辱，在 1968 年 1 月 20 日，姚維鈞結束了不到 59 歲的生命，穿著一件補丁二十多處的棉襖服毒自殺了。

V

可以斷定，如果不找出更深層的原因，不從源頭解決這個問題，我們國家肯定還會再重演這出欲哭無淚的戲，再來一次類似於國共的國內戰爭、文化大革命。劫難依舊，工農兵依舊會血洗這些所謂的知識分子；國家的權力、人民的命運，照

樣落在獨裁者手裡；民眾和絕大多數的知識分子照樣會高呼情同於「萬歲」的「英明偉大」領袖、高唱「東方紅、太陽升……」

從上面黃炎培的故事可以得出以下結論：

學者文人很容易輕信政治家的話，其實沒有合同的口頭政治是最不可信的，應該吸取教訓。首先，我們會把領袖看成真人君子、聖人，甚至神人。把話當事實；只看政治承諾不看立法；看不懂權力，權力可出爾反爾，答應的承諾等於空頭支票一張，是張以後可以收回的支票；聽不懂古人曰「欲加之罪何患無辭」這話的深層意思，只要權力編一個說法、一個新名詞就會迫使你誠服；只要以「人民的名義」或「代表人民」。

在權力面前，人民是個虛詞、是個捏不攏的一團散沙。看權力是看所謂的、嘴上的「意識形態」？還是看行為事實？只要權力用「人民當家作主」的話哄一下人民、只要用「言論自由」哄一下知識分子、手裡再拿上一頂階級敵人的帽子，大家就看不懂了，乖乖地做了聽話的牛馬。

必須糾正知識分子又清高，遇到「絕對權威」又自卑的毛病。要把毛澤東論知識分子的反動性看透批臭。他自己不就是個知識分子？毛病最多的他為什麼不需要改造？假如他能早點上精神病院看看病，中國就不至於糟蹋成這樣。

要認清知識分子知識在哪方面、白痴又在哪方面。不要高估自己的智力，遇到「絕對權威」又不要自卑自己。自己只是

專科知識分子，不是人文知識分子。不懂就不懂，不要去裝懂，不懂就虛心學習。

　　這裡只解釋單科知識分子和人文知識分子這對概念。怎樣才算人文知識分子呢？關心社會，有一定的社會的、政治的知識。最好要學點基本哲學學問。

　　不要把哲學看得這麼神，現在的分析哲學不像以前那樣玄虛、不切實際了。要把哲學看成科學，用解開自然科學的心去解開哲學問題。看現代哲學（也叫未來哲學）、分析哲學，看弗雷格、卡爾納普、維根斯坦的語理分析，還有莫里斯的指號理論。這樣就能看懂不少政治裡的哲學。

　　有類知識能真正提高我們的智力，那就是分析哲學，從語言學懂起。它能提高人類人文知識水平，提高人類的智力。社會文明決定於這些知識。

　　自然科學算不得這類知識，許多知識分子的政治主張看來很華麗，很自負，這不過是些小聰明，只不過是些花拳繡腿經不起大風大浪。這類知識只會攪局，不可能真正提高哲學家孔德所說的智力。

VI

　　智萬民先生談知識分子說得很中肯。

　　他說：知識分子因為探究知識，從事知識，這就養成他們重視科學、真相和發現。而真實的知識、真實的發現不是壞

事，而是好事。有句俗話叫技不壓身，說的就是知識不是壞事。這就決定了知識分子的有些性質，把知識分子定為臭老九有點武斷（僅僅是武斷？這是有政治目的的），個別知識分子臭起來是很臭，但不能抹殺上面的必然性。知識分子的優勢是其他行當所沒有的，再說作為人都會臭，這臭是普遍的人性，而不是知識很臭。說起臭，政治家更臭。所以知識分子的先進性是不可抹殺的，它在人類社會中的先鋒作用不可否定。至於知識分子身上的弱點是其他階層的人共有的，

智萬民先生科學地論證了知識分子的社會作用和歷史作用。乾淨利落地揭示了毛澤東以他的所謂的「革命」把知識分子淪為四等人民的反動性。毛澤東抬高農工兵，打壓知識分子，這種政治極其歹毒。首先，是反動的等級論，其次，這是心鬼在使詐，這「革命」真的為工農兵嗎？這是在利用工農兵為他奪權，利用工農兵打壓知識分子，這樣既可招按了工農兵，又可打壓知識分子的覺醒，用革命不革命的誑語分化分級，人們一點不會覺得有什麼不對。

理是不分階級的，理是不幫這個階級、那個階級的，論理是對事不對人的，這和法院裡重事實講情節差不多，法院裡是先審犯罪的事實，還講情節的惡劣程度，然後才定人的刑。我們完全忘了「事中言理、理從事出」。論理一定要到事情中去講，論理論的是事情裡的對錯。馬克思所犯的錯誤在，論理論到階級上去了，先論階級不看事實。馬克思的階級論是形而上

學的，而且還是教條格式化的。論階級不論事實的對錯勢必造成冤案、迫害，甚至亂殺人；勢必階級矛盾擴大，這既挑唆了工農兵和知識分子的關係，又可用工農兵（無知）來打壓知識分子的覺醒，好讓它穩坐江山。要學生向貧下中農學習就出於此招。智萬民先生話中的黑粗字揭露了毛澤東的反動性。

他（毛澤東）只說知識分子有先鋒作用，卻不說清楚先鋒的具體所指，這裡有陷阱，這不是衝在前面的猛先鋒，這個先峰是指率先接受先進思想、並拋頭顱灑鮮血喚醒民眾的先鋒。

大夢誰先醒？這是革命過程中最具有革命價值的，要知道喚醒一個民族是多麼的難，是革命的最難階段，也是最具危險的階段，這種視死如歸的精神，這種精神是什麼人格？就是知識分子愛知識的原故，愛知識就產生正義感。知識和工農兵只是社會分工不同，是人體上不同器官的關係，（這種榮譽落到個人身上就要講個別了，這是哲學裡的一般與個別的問題。）請不要挑唆成貓與狗的關係。

因為沒有人文知識，又太當自己為知識分子了，結果被騙慘了。還是聽點哲學、權力、政治好，別為自己的稚嫩——「十字路口的選擇」，買了份萬劫不復的大單。也把今後的中國前程給坑了。

Part **15** | 喪事辦成
喜事

喪事辦成喜事

I

老子在三千年前就預言：

常無慾，以觀其妙；常有慾，以觀其徼。

此兩者同出而異名，同謂之玄。

玄之又玄，眾妙之門。

　　老子認為「常無慾、常有慾」是我們這個世態不明事理、說不清事端、在漿糊桶裡玄之又玄的根本原因。老子說的不是個「慾」字，而是個「常」字；是說這「常」看上去都是「理」，但可分為「常無慾」、「常有慾」。這「常」帶引號，是主觀、唯我性質的。看上去都是「理」，爭論變成了理的碰撞，既然都是理，哪能爭出輸贏？關鍵在「無慾」「有慾」，無慾則誠，有慾則詐。詐必強詞奪理，必竟是詐，強詞必有破綻。這強詞不外三條，在概念裡做文章；不遵守講理規範；把這那的理用在事實真相上。破詐的最好辦法除了要懂得詐的招術外，要讓事實講話，不要脫離事實來講理，在真相不

說不清的情況下，只有靠「討論、討論、再討論，討論充分時，真相、真理自會來到人的心中。」所以，老子的這段話說的是「誠與詐」。也就是說「玄之又玄，眾妙之門」的原因是「誠與詐」。

老子的話指出了一個更深沉的現象：一個「常」，可以作真理、真相；同樣一個常，也可以利用作藉口、詭辯。所以老子說「此兩者同出而異名，同謂之玄」。這所謂的同與異，同的是理，這異的是「誠與詐」。

因為我們人的誠與詐，就做了許多「文章」。所謂的「做文章」，就是在應用中也可作理、也可作騙話。騙話看起來也如「常理」。所以這「常」就分「常無慾、常有慾」。這是文言文裡的表達，用現在語來表達：看起來都是常，問題在常字，有的「常」無慾，有的「常」有慾。

攪得人世不太平、有理說不清，「玄之又玄、眾玄之門」的就是人的「誠與詐」。因此哲學要去破「誠與詐」的陣。老子認為「誠與詐」是無法區分的，只有「觀其妙、觀其徼」。我認為這些事情要 到觀其妙、觀其徼，為時已晚，尤其是政治、權力，必須及時明白，最好明白在前，可防患於未然。

因此，許多問題，尤其是權力、政治，只要判斷「誠與詐」即迎刃而解，而誠與詐的識別有時只要一二件事實就可識別。寓言《狼來了》就是在說識別的方法。

　　我們人類的社會、智力演進到形而上學階段。這形而上學比神學還要糊塗，我們一用概念，就中了形而上學的毒，只要我們沒意識到這個毒，我們就在形而上學的階段裡。用馮契的《哲學大字典》的定義來說，「概念表達事物的特徵。」這就是形而上學的過程。用文字來表達事物用的是歸納法，這裡要講嚴格的「對應」，所以在「對應」上加了「絕對」，為什麼要強調「絕對對應？」因為權力最詐，最不對應。

　　凡是方法、工具到了人手裡就生出是非、對錯、好壞、善惡來，好端端的形而上學可以用得很正確，也可以用得很爛。但這裡有其必然性：一個概念能比事實告訴我們得多嗎？具體嗎？一個概念不能代表事實的方方面面。我們往往打擦邊球，隨心選用概念來表達事實、事情、實在。語言、概念做了中介，人心就能搞鬼。我們想把事實往好裡說就用漂亮的詞彙，想把實在（事實）往壞裡說就用醜惡的詞彙。這叫打扮實在（胡適語）。只要我們不明白這一點，我們就依然留在形而上學階段。「保衛改革開放」、「消滅私有制」這兩個口號都在說假話，與事實不符。一個暗藏著概念陷阱，一個在用漂亮的話當理由掩蓋事實；還在陷阱裡鬥了起來。其本質都是脫離事實，賣假貨。一個是人民大學的馬列教授周新城提出來的；為了反對其中的用意，清華大學的許章潤教授提出了「保衛改革開放」；一個是「誠犯混」、一個是故意詐。

　　先說一個是下毒，這個權力是像實現共產主義嗎？像這樣

的「共產主義會」會消滅私有制？提「消滅私有制」啥意思？就是在挖一個陷阱，指號這個權力是為了實現共產主義的；

另一個是中毒，提「保衛改革開放」是中了人家的毒。下毒的就是挖坑的「馬克思主義的教授」，專把人推進陷阱裡。一個不知道這裡有毒，掉進了陷阱裡還不知道。因為他根本「不知道」「改革的靈魂在權力這個問題上」、「決定經濟方政是權力」。這種經濟根本不是「改革開放」，提「保衛」不是掉進了陷阱裡？這陷阱一般人不易察覺。

有可能「先經濟改革、後政治改革論」嗎？大家做夢去吧，這個權力根本沒有改革的誠心。這「改革開放」是個概念陷阱，這「先經濟改革、後政治改革論」又是一個陷阱。根本不會有這「後」，讓我們先掉進這「先」的陷阱裡再說。

凡是，都先要解決權力問題！尤其是社會問題、政治問題、經濟問題。改革和革命都將涉及到問題中的權力，權力不會改革，只會加重掠奪。

改革這個詞就很容易脫離實情，變成形而上學的用詞。改革了些什麼？夠不夠格叫經濟改革？以前的經濟是怎樣的狀況？病根在哪裡？這就是哲學講的「形成的形成、原因的原因、意義的意義。」

經濟是個社會問題，經濟是利益的代名詞，講的是「所

得」，這「所得」要講富了誰、怎麼富的。這所得是人民所得？還是富了貪官？是為了加重不公不義呢還是在消滅不公不義。不要抬出「強國」這個詞，國家已為權力掌控。

一個沒有透明度的國家，這「所得」是講不清的。社會的不公不義體現在兩個方面，一個體現在政治待遇；一個體現在經濟待遇。首先體現在經濟上，從未見過人民的政治待遇是好的而經濟所得是差的；也沒見過經濟所得是好的而政治待遇是差的，只見過政治待遇和經濟所得都是差的。這一切決定於權力，權力決定體制。

這權力（國家）搞經濟改革的目的是什麼？要講清楚「國家的所得」是怎樣的情況？。如果不講所得的具體的情況，就是「改革」了也沒用。

改革不是去肥了領導、肥了貪官；改革不是要領導、官吏都去貪。不是為了窮富差別顯殊，好讓領導、貪官泡幾十個、上百個妞？擁有幾十套、甚至上百套房子、銀行存款上億、幾十億、上百億，甚至上千億？大肆揮霍、過靡淫的生活？讓十貪官的子孫也用不完？而老百姓面臨著生活艱難、大學生面臨著失業找不到工作，社會福利差。這叫改革？讀讀柴契爾夫人那段話吧（見《問題只在權力觀改變》一文）！所以，哲學要我們說到事情的實情，且越具體越好。

什麼改革都牽涉著權力問題！！！周新城教授的「消滅私

有制」和許章潤教授的「保衛改革開放」，問題都涉及權力問題、體制問題。但他們倆所犯的錯誤不同，周新城教授使的是詐，他的專業就是做理論、做意識形態來詐騙人民，就是上面開場白第二段所說，為這權力的「心口不一、言行不一、內涵與外涎不一」辯護；為早期的落後的極權辯護（見《應然與實然》、《內涵與外涎的哲學盲區》等篇），和當今的權力保持一致，為飯碗折腰。

所以不能相信權力所用的概念，尤其不能相信沒有誠心、不知廉恥的權力所用的概念。

這也是「新權力觀」必不可缺的思考基礎。

怎樣的權力必有怎樣的形態。認為只要權力在握，就能瞞天過海，可以千方百計的愚化老百姓，有效也不能這麼做！這是一個國家、一個民族的不歸路。為了這私心，舊權力什麼邪惡都做得出來，為了保住這種權力，即魚肉百姓的統治，就必然會用漂亮的概念、極左的理論、極左的意識形態來欺騙人民；極權形態必須要穿一件漂亮的外衣，馬克思主義的外衣有個特色，那就是「代表無產階級」。用極左的新概念、不講這些新概念要與事實「絕對對應」靠廣告、宣傳、唱歌來愚化工人、農民、人民，而民眾多聽了就會當真。

政治首要看「誠與詐」，確定有詐，便知其心不善。這個權力怎麼會「經濟改革」的，因為昨天的經濟太荒唐。

我們如何定論「詐與誠」呢？，這個判斷對我們相當重

要。「誠與詐」是開啟「玄之又玄」的一把鑰匙，能給詐以沉重的打擊。我們不能因為很難拿到這把鑰匙，就低估了鑰匙的作用，就不用這把鑰匙來開啟癥結之門。開啟了癥結之門，我們就一目了然。

這個過程是這樣的：首先自己的意志是自己的，其次爭論是免不了的，民主與專制的鬥爭必在理論事實上交量，爭論的結論得用自己的心來判斷，不是交給對方來判斷，不能交給人的封建奴性，不能交給一個「怕」字，要權力承認錯誤是不可能的。不要去理會那些有欲之「常」，也即對方的「理論」、「名義」、「辯解」。每一方都是用理由來辯解的，每個理都可成為辯解的理由，所以爭論不是看用的理由，而是直接看事實。要與心鬼理論，不能被其冠冕堂皇的理由牽著鼻子，否則極易上心鬼的當。

開門的鑰匙就是「誠與詐」，這只要看權力幹出來的事實。有個寓言《狼來了》告訴的就是如何判斷「誠與詐」，這個寓言告訴我們不能相信語言，要相信事實，只要一兩個事實、一兩聲「狼來了」就能夠判斷出誠與詐。判斷這個權力的「誠與詐」很難嗎？有數不盡的事實可判斷。他們叫了無數次「狼來了」，事實是狼沒有來。這次他們叫的是「經濟改革開放」與「消滅私有制」。

老子說的「常無慾觀其妙，常有慾觀其徼」，這不是我們

區分「誠與詐」的方法，這是馬後砲，事後諸葛亮。只有及時判斷「誠與詐」，才是事先諸葛亮。中美貿易戰之中，川普為什麼把話說得這麼狠，他就是看出了對方的誠與詐。

對政治、對權力，我們需要的是事前智慧、需要經驗加事實，這才是我們判斷的依據！政治、權力這種東西有其特性，生米煮成熟飯、木已成舟很難挽回，沒有後悔藥，付出的代價是我們這輩子的生命。這更說明哲學研究政治、權力這些事物的基本特徵（物象）的重要性。「前哲學」在權力的基本物象方面做得太差了。我勸大家閱讀一下戈巴契夫的回憶錄《真相與自白》，這是一方開竅的領袖的書，裡面可讀到開竅與未開竅的東西。

權力有以下的基本物象：

1・有了權力就有了國家資源，可以動用國家機器。
2・它會使出任何手段來威逼利誘，權力可以用各種手段讓一個個子民形成的人民聽命於它，慣用的手段是：封鎖信息，威逼利誘、用所謂的意識形態來打包自己，「冤案、迫害、殺人」……戈巴契夫解釋這是權力形態是為了服務於「意識形態」。
3・邪惡的權力什麼壞事都幹得出來，不要說用概念編個理由或用其他現成的理來辯護。
4・權力必是寶塔形的。它慣用的伎倆是違法設一個機構來集權。
5・權力必「絕對權力、絕對腐敗」。

6·最要管控的是權力，也只有普世價值才能管控權力。

只要善於識別權力的「誠與詐」，才能見它一蹶屁股，就知它要拉什麼屎。「保衛改革開放」、「共產主義消滅剝削制度」這兩句話就像蹶屁股，拉的是權力的腐敗的屎，貪贓枉法的屎。

（一）「保衛改革開放」裡的「改革開放」，實際上不能算「改革開放」而是「喪事辦成喜事」，最多只能算「拔點亂返點正」、「改點邪歸點正」，只能算「換湯不換藥」。要意識到這改革，改革了些什麼，它只是……（後面會說清楚的）。這是「黨天下」瞎搞政治搞出來的經濟。經濟到了崩潰的邊緣，才「改點邪歸點正」，是大祖皇死了才有機會「改點邪歸點正」的，現在還是「黨天下」，還是黨說了算能叫改革開放嗎？經濟講的是所得，這「所得」肥了領導、肥了貪官，這裡的原因不改動，這叫經濟改革開放？上面講了「改革的靈魂在權力」，這裡的邪沒一點改動叫改革開放？以前的經濟狀況是極權形態搞出來的，現在還是黨說了算，這叫改革嗎？這個權力真的會改革開放嗎？我看連拔亂返正、改邪歸正都稱不上。這個權力是絕不會認錯的。這個權力有個原則：決不認錯，它連認錯的勇氣都沒有。

這個權力一向慣於「喪事辦成喜事」，這「改革開放」就是「喪事辦成喜事」這麼回事，先把經濟瞎搞成喪事，還因此殺了許多人，再用這「改革開放」這個詞辦成喜事。所以，這

「改革開放」應該叫「喪事辦成喜事」。這權力還有個傑作叫「平反」。平反不昭雪、平反不認錯、平反不檢討，「平反」不能有損「天威」。那些生不如死的迫害、殺人，那些冤情就在一聲「平反」中「昭雪」了？如是改革就要向歷史謝罪、向國家謝罪、向全國人民謝罪，並把處理權交給人民。

這個權力最大的靠山是法中沒有監督、沒有違法的懲處。

（二）至於「消滅剝削制度」，明擺著是句老掉牙的騙話、謊話、詐話。這種話也只有馬克思主義研究院、研究所、研究系的教授才說得出口。鄧小平主義的「權力——資本主義」是共產主義嗎？他們相信共產主義嗎？他們所幹的那樣，會實現共產主義？能「消滅剝削制度」？用他們都不相信的理論來哄人，狗才會相信。這不是在掩耳盜鈴嗎？應該把孔子說的話改改了，應該改成「己所不信勿當北斗」。

那時，他們好事當壞事，當了一回正確，當了一回贏家，現在壞事當好事，叫改革開放，又當一回正確、當了一回贏家。「黨天下」才會有瞎搞經濟，經濟到了崩潰的邊緣，現在還是黨說了算能叫改革開放？許教授的「保衛改革開放」能阻止薄希來在重慶演「掃黑唱紅」，和青島、杭州的 G 峰會的揮霍？李莊案、王立軍事件說明這種「經濟改革」沒有意義，連改邪歸正都談不上。

要不是狗咬狗，「唱紅打黑」決不會曝光！這裡曝露的權力有多黑，簡直不是人幹的，這就是孟德斯鳩說的將毀滅人類的是沒有制約的權力。

　　這個問題也解答了「先經濟改革、後政治改革論」的荒謬性，根本不可能有這個「後」，這經濟改革純粹的是詐。

　　這「詐」必然要「掛羊頭賣狗肉」。

II

　　在戈巴契夫的回憶錄《真相與自白》裡有這麼一句話，認為：蘇聯的權力形態是服務於他們的這個「意識形態」所致，是官僚主義所致，是他們的領袖史達林的個人人格所致。

　　這權力形態與極權專制有什麼兩樣呢？完全一模一樣，這權力形態就是封建極權，極權專制本來就有，這種落後的權力形態是人類智力（孔德語）落後產生的，不是權力服務於「意識形態」的造成的，這「意識形態」只是個騙人的概念假貨，是用來忽悠老百姓的，不是用來指導實踐的，不存在服務不服務，是極權專制借了件意識形態的衣服穿上而已。讀了這本書會發現凡權力都有許多共性；權力這行當是人精的行當，不是正人君子行當。怪不得權力走極和發生權力的腐蝕作用。

　　戈巴契夫分析赫魯雪夫的失敗很有幾分道理，但就是不肯畫龍點睛，指出亟亟專制。結果自己也栽在這個觔斗裡。

　　沒有哪個權力不發展國家的經濟，連封建權力也要考慮民生，只有昏君才不考慮民生。只有這個朝代才把毛澤東當偉

大，把政治當飯吃，把一窮二白當社會主義，把發展經濟當資本主義，不把民生當一回事是英明。這是個領袖一拍腦門的時代，把國家、人民往窮了再窮、白了再白的路上帶。種一根蔥、賣一個雞蛋都是走資本主義道路，餓死了四千萬人，這是政治掛帥的結果，這是極權專制的結果，這是法制不健全、權力沒有制約的結果，這是反對普世價值的結果，這是「黨天下」、把提出「外行領導內行」的知識分子打成右派的權力，這是民主殆盡的結果。。

III

上面說了，昨天的經濟太荒唐，沒有一個社會不考慮民生、不考慮經濟發展的；歷史上沒有一塊田不讓種的，這塊地就叫經濟。

當年毛澤東的政治掛帥忙於「冤案、迫害、殺人」。這塊田就荒蕪了三十年，國家一窮二白，餓死了四千萬人，還不准災民逃荒討飯，村幹部在路口把守著，抓到逃荒的就以反革命論處。有些村幹部不忍心村民餓死，留了點口糧活命，也被打成所革命。現在，權力改主意了，讓種了，荒唐的夢醒了。這就是實際上的「改革開放」。「改革開放」了這些而已。

這種權力經濟，一開始就不是把民生當一回事。以前的經濟是權力搞出來的，現在還是權力作主。

　　改革要看改革了哪些地方，為誰改革、所得情況，改革的標準在哪？

　　因為有了前面的禁，才有後面的放。這一禁一鬆，都是由權力自己作主造成的，這是個權力想怎麼搞就怎麼搞的經濟。叫經濟改革？這叫「咎由自取」，這叫喪事辦成喜事。

　　既然過去的經濟是權力搞出來的，癥結在權力。現在還是搞權力經濟，能算經濟改革嗎？

　　經濟問題是權力造成的，所以要改革經濟首先要改革經濟的體制問題。經濟作哪些改革的權力問題，作主權不改革，經濟改革等於是 0。改革開放一看權力的「誠與詐」便知道。

　　這是娘胎裡就決定的。所謂的中國革命實際上是改朝換代的農民造反，為了把農民造反說成無產階級革命，就把貧窮當社會主義，把致富當資本主義，這是怎麼決定的？還不是這個權力決定的，這個權力才不在乎國家、人民的命運。這權力只關心他們會不會翻船！這就是改革開放的目的，現在發展成「權力——資本主義」、「封建——資本主義，比資本主義還不如。我們的知智力正走在孔德所說的路上。

　　請不要把搞權力的這群人看得這麼神聖！

IV

　　章立凡先生援引一位海外人士對許章潤先生的文章提出了

批評，認為保衛這種改革開放的說法很荒誕。六四之後改革開放已經變質，至少不是健全而是跛足改革。所以，批評者認為捍衛改開成果的提法是知識分子的天真；認為只有超越鄧式的改革開放，實現民主革命才是時代最強音。其實這是隨居心選用概念問題——該不該用「改革開放」這個概念。「鄧式的改革開放」、「跛腳改革」，說得真好；「其實這是隨居心選用概念問題——該不該用『改革開放』這個概念」，置疑得真好，英雄所見略同。至於「六四之後改革開放已經變質」，這話不能苟同了，本來就不夠資格叫改革開放，何來變質？所謂的變質是早晚的事。所謂的「改革開放」，這是喪事辦成喜事。

　　章立凡先生一針見血的指出了這個權力的致命傷——「打江山、坐江山和吃江山」。

　　知誠與詐；便知它一蹶屁股想拉什麼屎；這個權力一慣是把「喪事辦成喜事」。既是喜事，沾點喜總比喪事好些。

Part **16** | 閃閃發光的
黑金——
槍枝論

閃閃發光的黑金——槍枝論

　　故事發生在美國……出於規劃，一商人要強拆一農民的房子，因這一農民不同意，商人就拆不了，於是叫來了國家機器，而周邊的農民聞風趕來，綦馬持槍，和政府的國家機器對峙了起來……政府沒敢硬來……

　　拿著槍和政府對著幹，在我們這裡聞所未聞。對於我們的人民來說，這簡直是天方夜譚。在這真實的故事裡，幾乎人手一槍、幾乎每戶人家都有槍。民間的槍枝再多，多不過政府所擁有的；再說，政府的軍隊訓練有素，服從命令聽指揮，叫國家機器，政府還有飛機、坦克、大砲……用不著交手，強弱已顯分明。

　　政府要管理，要保家衛國，擁有強大的軍隊是肯定的，但一個理用在不該的層次上就是壞理了，許多個道理、事物都是這個脾性，往往是好處用在壞處上。

　　人民為什麼不該擁有槍枝權呢？對這個問題，我們從來沒有進行過反思。因為權力走向腐敗與濫用，所以要反思。應該的選擇是政府要有強大的軍隊，人民有槍枝權利。自從認為只有權力該有武器，用於保家衛國，統治就變成了奴役。統治者

能有武器權，能握有國家機器，而被統治者沒有槍枝權，又不制定約束權力的制度，是這個規則造成強者更強、弱者更弱，自然界的自然規則是弱肉強食的叢林法則，可想而知這個規矩造成的結果，說不定權力的腐敗與濫用就從禁槍令開始。民間的槍枝能緩衝強者弱者之間的力量不平衡。槍枝能使弱者堅強！！！

雖然我們嘴上說統治者與被統治者的矛盾是主要矛盾，而且理虧在統治者的權力方。但是，我們問題始終是站在權力的立場上思考的，在槍枝問題上，我們沒有進行過反思。人類的歷史壞就壞在禁槍令上，禁槍令使權力沒有了天然的制約。

槍枝論的問題焦點在：如何槍枝民間化，如何管理民間的槍枝；如果槍枝民間化，社會會出現什麼情況？世界會出現什麼情況？沒有實踐過。歷史上是沒有實踐過，但有參考（後面有交代），而且美國正在進行實踐。

還有這樣的論調，認為我國的人民人多又素質差，因為國情的不同，民間不能有槍枝。這時候承認中國人的素質差了？為的是民間不能有槍枝。

我們主要有三個顧慮：⑴一個國家會不安全、社會會不太平，即人民的生命會不安全，其實是權力不安全。⑵世界會不太平，會多侵略，會你打我、我打你，其實是權力導致侵略戰爭。⑶擔心我國人多素質低，不宜槍枝民間化。其實這是問題一。對這三個顧慮，前面已回答得夠充足了。

　　人民的不幸不但來自於外國侵略，更來自於本國的統治。孟德斯鳩說了毀滅人類的十惡，其中就有沒有制約的權力，這話講的就是本國的統治，沒講毀滅來自國外的統治。不管是國外國內，只要權力沒有制約，腐敗與濫用就沒有底線，不公、不義、不幸就源源不斷，人類將毀滅在權力的不公不義中。說不定槍枝民間化是制約權力最有效最天然的辦法。

　　上面有句話「沒有實踐過，但有參考」。
　　古時候，刀劍隨身掛在武士的腰間，打鬥只在習武之人之間，武士與老百姓的世界似乎是「隔開的」，這隔開不隔開就看管理的水平了。老百姓並不愛佩刀劍。鐵器鋪的門是敞開的，家家屋裡都可有把刀。就像現在社會，哪家屋裡沒有一把菜刀？起了凶殺念頭沒有？從電視來看，封建社會裡的治安也不是那麼的混亂，只是習武之人愛打鬥。這說明社會的治安，全在權力的管理力度，不管你帶不帶刀劍、不管你帶不帶槍枝，社會的安全道德底線是管理出來的。犯不犯罪跟刑事偵破水準、法院斷案水準有關，法判必須心無旁騖，這是功夫活，不是搞權力鬥爭搞出來的。社會對殺人、放火等罪有高度的認知。社會會有一定的理性，人民的心中會有一定的理性，社會是這兩個理性與適宜的制度管理出來的，過苛刻的管理也不對，這樣會失去適當的自由度，給人民留下苛政的陰影，朱元璋的苛政管控了社會沒有？元朝的幾家用一把菜刀的管制管好了社會沒有？所以一個社會的穩定在於適度的管理，而不在苛上加苛。想不到封建社會也有我們要取經的地方，那就是有罪

就是有罪、犯罪就是犯罪。我們這社會在這方面還不如封建社會。犯罪可以插上「意識形態」、「政治路線」、「黨性」、「組織生命」的翅膀飛得高高的。

所以，顧慮不等於實在（現實）。我們人類之所以和動物不同在管理與教育！有了管理與教育，又有了槍枝民間化，雙管齊下，說不定社會治安會出現意想不到的奇蹟。

教育和民間的槍枝，就是適度的管理。

人類歷史有統治權力以來，權力千方百計強調這三個「最害怕」（其實是權力本身的「最害怕」），把它變為我們老百姓的「最害怕」。

他們最害怕什麼？權力不保，權力不保、特權就不保，作威作福的日子就沒了。因為這樣的心鬼說不出口，就說社會不安全、人民不安全。變他們的「最怕」為老百姓的「最怕」。

我說過，什麼事物到了人手裡這面好與壞的兩面。就說權力吧，應然的定義，權力是用來管理社會的，軍隊是保家衛國的，現在變成萬惡之源。再說槍枝吧，變成：「只許州官放火、不許子民點燈」的狀況，於是權力成了老虎，專吃老百姓「天賦權利」。

現在世道進化成這樣：同樣是「和政府對著幹」，用上了「意識形態」，性質卻大為不同，權力就可大開殺戒。

在封建社會，最多把有些草民說成刁民，所殺之人只有區區幾人，既使按個造反的罪名，沒有組織形式的話，殺的也不

過百來人，反正沒有「社會主義」殺的人多。在社會主義國家裡，就可說成「社會主義的階級敵人、反黨分子、反人民、反國家、反無產階級專政的反革命、裡通外國的賣國賊」，用槍炮、坦克來鎮壓，既使沒組織形式，只要運動一來，只要領袖一聲令下：「有組織、有陰謀的向……」就可殺上千萬人。

在威權統治下，國家與人民的關係就會立場分明，政府的立場一向貫徹的是「順我者昌逆我者亡」、將老百姓定為「人民還是敵人」易如反掌，就像扣頂帽子。統治者說了算，獨裁者一言九鼎。政府惡事幹多了，獨裁者就會得「迫害妄想症」，妄想別人會害他、妄想怎麼害別人，這病久了，與人民的關係就會「防民如防賊」。

統治者與被統治者的關係是社會的主要關係，產生的矛盾是主要矛盾，是不依人的意志、意識為轉移的。矛盾怎麼升級為你死我活的呢？是權力升的級。如天安門的「六四事件」、史達林的猜忌症，都是權力升的級。這種防民如防賊的關係純出於舊權力觀。

只要把權力放在第一位、而不在乎國家命運的「民族」是不會學好的；如是國家，這國家是不會學好的；如是政權，這政權是不會學好的；如是政黨，這個政黨是不會學好的。

槍枝民間化倒底是好事還是壞事？我們會發現這個問題蘊育著人類驚世駭俗的顛覆性的觀念。也許人類社會一開始人民有槍枝權（武器權）的話，如今的民主勢力不會像如今的樣子，貪官不會這麼多，冤案迫害殺人出現天文數字。我們只是

想當然：人人有槍，人們的生命肯定不安全，社會肯定不安全，死於非命的人肯定會多。這只是對槍的恐怖，而不是出於實然、實踐。這死於非命的人，決不會比沒有制約權力造成的多！

民間沒了槍枝，權力肯定變得更腐敗，統治者與被統治者的矛盾肯定越來越尖銳。這個權力肯定用更多的「冤案、迫害、殺人」來「維穩」，用「意識形態」來遮醜。

這就是毛澤東的統治，毛澤東的反右政害運動，一個運動下來冤害、迫害了七百萬人，這七百萬人生不如死；三反五反又殺了千萬，還不算受牽連的親屬；每個運動被害人數是論千萬計算。

再來看看「民間槍枝論」死的人，只是個位數。美國的學校搶支事件殺的人和中國的權力殺人有可比性麼？簡直是糧倉與一粟、九牛與一毛。而且都不是權力所為。

請不要再用「意識形態不同」來殺人，「意識形態不同」就可「冤案、迫害、殺人」？無須用「意識形態不同」來辯解，這「冤案、迫害、殺人」是人間最嚴重的三大罪惡。中國「中獎」的人，遠媲美國的學校槍枝事件高出千萬倍、冤案之沉勝過歷史上的任何朝代。

大肆報導人家國家學校槍枝事件能說明我們國家愛民如子？這個政權愛惜人民的生命嗎？中國權力在愛惜美國人的生命嗎？

權力的這種惡行不是只一個朝代有，而是每個朝代都有，

這是歷史上司空見慣的權力的基本物象，歷朝歷代從沒有用「意識形態」來冤案、迫害、殺人。

民間的槍枝只會讓貪官惶惶不可終日。民間的槍枝才會中止貪官層出不窮出。不信試試。

因為民間沒有槍枝權，政府的不作為，治安不公正，才會發展到令人髮指的地步。

其實一個政權的危險來自於自己的腐敗，別國的侵略來自於自己的腐敗。既使民間一支槍沒有，社會也不會太平。

民間槍枝論考驗著政府治安措施和能力，司法是否公正。治安不作為、司法不公正，要政府幹嗎？政府吃什麼乾飯？民間的槍枝管理本應是政府份內事、本應是考驗政府管理能力的項目，禁民間的槍只是能使社會減少槍殺案，但不能防止權力殺人。現在倒好，嚴禁民間槍枝、慫恿權力這隻老虎吃人。

其實這兩種死於槍殺的情況都叫亂，只是一個叫小亂，一個叫大亂。私有槍枝只會造成小亂，沒有私有槍枝才會大亂。這兩種亂的來龍去脈是不一樣的。大亂，沒有了民間槍枝，權力就沒有了天敵，不說腐敗，不說特權，不說權力行暴，就會無法無天到：光法院黑判、不講法理、弄權、搞錢的狗腿子，黑勢力的狗奴才，就能造成國家大亂。法院的黑白是國家白與黑的標誌。

美國強拆事件告訴我們一個真理，為什麼不能禁止私人擁有槍枝？民間槍枝的意義盡在這個美國強拆事件的故事裡。

道理在民間槍枝能民強，能對抗權力走向腐敗與濫用、侵

犯人權。民間有了槍枝，不扣動板機，就能使權力提心吊膽。一想到民間有槍枝，貪官就睡不好覺……說不定這是制約權力的民主良藥。

槍枝能使弱者堅強！民間的槍枝有大道理！也許還能治一治中國人的封建奴性。中國人的奴性一時三刻是改變不過來的，你再怎麼講也沒用。

權力是老虎，它要吃人的，最好的辦法是把老虎關進籠子裡去，權力是條惡狗，見你手上拿著槍枝，你就是不瞄準它，它也不敢來咬你。禁槍論和意識形態不同權力形態不同的說法都是要放老虎出來的，或者要我們放下手中的打狗棍。

「意識形態不同」權力形態就可不同？好比講東山老虎要吃人，西山老虎不吃人；「意識形態不同」的權力形態就可不同的說法，是要讓這種權力更吃人。

權力的基本物象會不同？西山老虎會吃人、東山老虎也吃人。權力是老虎，這是權力的基本物象，是不依意識形態不同為轉移的，說明白點就是，藉著馬克思主義、社會主義、無產階級專政這些招牌就可以極權搞腐敗？就可把老虎放出來吃人（大批的冤案、迫害）？這不是在用「意識」來轉移權力的基本物像麼？鐵就不會生鏽，老虎就不吃人？這不是口口聲聲說「物質決定意識」，現行卻是「意識決定物質」嗎！這不是心口不一、言行不一的欺騙嗎？這是復興極權的的藉口、這是騙子的詐。什麼人民解放軍、什麼人民法院、人民檢察院、什麼人民代表大會、什麼人民政府、什麼中華人民共和國，都是在

玩概念，穿制服，用這些概念把老虎放出來。

美國這個故事為人們津津樂道的是；在當今時興權力的年代，演出了一場民權 PK 權力者的好戲。也只有在美國才有這樣的戲。我輩難得看到。

搞政治的記住：只要權力背上了大宗血債，這個權力就永遠不可能還清血債，這權力只能硬著頭皮幹到底，只有不斷的殺人，罪惡就像滾雪球那樣越滾越大。

我們反對美國的文明，老是拿美國的槍擊事件做文章。說美國槍枝氾濫，社會治安不好，從治安不好說到制度不好。經常報導美國學校槍擊事件。這裡是有居心的。我們國家真愛惜老百姓的命？這用的是「說黑了別人，自己就白了」的伎倆。既使把人家說黑了，自己就白了？更何況是把人家污衊黑的，就是要在世界人民面前攪成「互相攻訐」這檔事。

美國國會屢屢討論私人槍枝問題，屢屢通不過禁槍令，我們百思不得其解。出了多起槍枝事件，這會被中國之流攻訐美國的自由信念、民主信念的。通過禁槍令只是順水推舟、舉手之勞，怎會通不過呢？

我們積極的報導了美國裡的學校裡的槍枝案，但就不報導國會裡是怎麼爭論禁槍令的？辯論肯定相當劇烈，為什麼不報導出來讓大家聽聽？聽聽雙方的理由，特別是什麼理由把禁槍令檔在了國會的門外。民間槍枝裡肯定有我們想像不到的大道理，這就是槍枝能壯民膽、能健民心、能興民主、能制約權力

的腐敗。從這件事件中我們可以看出美國上下愛民主勝於愛政府的權力，寧承受偶爾的槍擊案，不通過禁槍令。

美國學校槍枝案根本歸結不到官方有意所為，這裡沒有政府的黑色傾向，政府對案發也沒有絲毫的不作為，過不在政府，美國政府支持民間應該有槍枝權，但從不慫恿槍擊案，過也不在私人槍枝權。相反，美國政府動足了腦筋，有嚴格的槍枝管理法，每個槍擊案都得到了嚴峻的處理。槍擊事件的發生在所難免，一半以上的責任在人這物種和天數的概率（自然率），而不在官不禁槍。這原因就像我們這麼封建威權，還有強姦、搶劫案一樣。

原來在美國，民間的槍是用來平衡政權的武力，儘管它有負面，但能起制衡權力，讓權力有顧慮便是大作用。可能還是人類最有效的唯一辦法。

這是美國的立國之本，美國人民很清楚權力殺人無底線，殺死的人更多更慘。這不是美國軍隊鎮壓不了那些西部牛仔，是美國不願意用人民的軍隊和假以人民的名義、行暴政之事。鎮壓「一小撮反政府分子」、鎮壓區區幾個「刁民」，強大的美國政府要用武力解決不在話下，但作為真正的人民國家，這種勝利的代價是巨大的，它威風了權力，踐踏了公民的權利，美國認為這是撿了芝麻丟了西瓜的行為。這是個可怕的開端，這是一個政權永遠還不清的血債。美國非常真誠地相信英國歷史學家阿克頓男爵的話：「絕對權力，絕對腐敗」。

　　如果中國槍枝民間化，那些貪官就不敢貪上百億、千億；不敢包十幾個二奶、甚至包幾百個情人；不敢幾十套、幾百套房子。貪官早就嚇破了膽，他們得天天做惡夢，不敢上床睡覺，相信民間槍枝對貪官來說特管用。再怎麼「唱紅打黑」也洗刷不了賊喊捉賊的本性。

　　政府管不了，美國的私人槍枝管得了。很遺憾，中國國情沒到這等文明，只要民間出現一支槍，我們的政府就會草木皆兵、風聲鶴唳。

　　槍枝是管住了，貪官污吏也安全了。槍是政府第一違禁品。這讓貪官污吏大大鬆了一口氣。

　　上面談到的那些顧慮。槍枝民間化所引出的這三個顧慮都是可以用管理的精細工藝來彌補的。再說，一個社會的穩定取決於權力的文明形象，在適度的管理而不在管理的苛上加苛。

　　禁民間的槍枝的最好的實證莫過於中國與美國，一個絕對不准民間有一支私人槍枝，一個幾次三番通不過禁槍令，這兩個國家出現了怎樣的結果呢？我想我不必在此罄竹難書了。

　　其實我們沒有好好思索過民間槍枝化問題，權力只專心修改身分證問題。更沒有反思過民間的槍枝問題。從奴隸社會起就不准奴隸有武器，封建社會是這樣，「社會主義」、「無產階級專政」更是這樣。

　　這是權力這個老妖作的怪！禁槍令的思路有人民性嗎？禁槍令有民主的思路嗎？

禁槍令發展到今天讓專制統治更強、讓被統治者更弱以致發展到「只許官兵放火，不許子民點燈」的地步。

科學在進步、社會在「發展」，權力越來越強大而人民越來越虛弱，人類的路越走越狹。「腰裡有管槍，說話也硬朗」，民間槍枝如同言論自由那樣，有巨大的意義，上面在美國發生的那個真實故事用事實說明了這個意義。

民主國家把言論自由視作民主的神器，而極權國家視它為天敵。至於民間槍枝，它比言論自由更具威力，所以極權國家更不敢掉以輕心。

這就是美國屢屢通不過禁槍令的原因。「槍桿子裡面出政權」說的是暴力奪權、暴力維穩，我說的是槍枝能使弱者堅強。道理很簡單：你手裡拿著一根棍子，惡狗就不敢上來咬你；對付老虎，你手裡就要帶上一把槍。

Part **17** | Vpay 引發
的聯想

Vpay 引發的聯想

　　凡是權力，都有個「關進籠子的問題」。何為「籠子」，也就是那套制約的「工具」，孫中山的「五權主義（五權憲法）」就是很完善的制約工具：發言權、知情權、選官權、彈劾權、監督權。這套工具包括「法規和架構」兩部分，我認為叫「籠子」最為合適，且又清楚。只有全了這兩部分才能造出「籠子」，普世價值就是在造這籠子。它需要的是人類共同的奮鬥、不斷完善，而不是反動的反對、阻礙、潑髒水。這世上要分就分兩種人，統治者與被統治者，即權力使用者與權力受授者。

　　普世價值，價值是不是普世，得看那些萬惡的權力物象是不是基本的、普世存在的、歷史的積累。如：腐敗與濫用、特權、社會的不公不義、侵犯人權、造成冤案、迫害、殺人。普世價值裡的內容，只有千錘百煉的見解、設置，才能放進普世價值裡。它應該是建設文明社會、文明權力的智慧沉澱，要以孟德斯鳩說的毀滅人類的「十惡」為基礎，而十惡之一就是「沒有制約的權力」。

　　Vpay 設制的軟體就涉及到權力，這軟體既是立法者又是執法者，卻不見監（控）法者的一絲影子。凡是科技軟體都將涉為權力，都有權力面臨的問題，我們的頭腦要對控制我們軟

體有這個「權力」的意識。

　　Vpay 的盛衰與一個國家的法治環境有關，國家的法治可彌補軟體法治上的欠缺。如軟體上法治方面是健全的，就不需要國家的法治來彌補。法冶觀念薄弱的國家，Vpay 容易存活，但盛衰期很短，它必藉助於這個法制薄弱的環境存活、走向不正常的昌盛，但也因法制薄弱的環境而衰敗，這就是它不可能流行在法製程度高的西方國家的原因。

　　也就是說 Vpay 只能在良好的法制環境下，才能健康茁壯成長。一切像 Vpay 的軟體都有個致命的弱點，那就是「籠子」──「司法架構」。

　　有些人在為 Vpay 作動員、說夢，我非常欣賞有個吹捧帖子，是個名 V 的演講，他把 Vpay 說上了天，而 Vpay 也正能飛上天；他用「偉大」這個詞來形容 Vpay，說它能改變世界，而像 Vpay 這樣精明的軟體還真能改變我們這權力世界，但這任重道遠，要經過與權力同樣的考驗，有很多很多的輔助要做。Vpay 缺乏的不是說夢，而是個籠子──司法架構，一個可申訴、解決投訴的「平台」和有關的監懲法律條文。現在 Vpay 連設訴的地方（機構、平台）都沒有，國家又沒有相關的政策來保護 V 民，這有關 V 民的財富，怎麼可以由得 Vpay 搞不正常，難怪美國變 Vpay 為一支股，它正在變成一支股，一支垃圾股。

　　今後、未來，權力會化作科學軟體、權力會與具有科技含量的軟體勾結來統治天下。而我們沒作好思考、應對的準備，

民主與專制的鬥爭翻開了新的一頁──思考設置軟體的民主化，讓具有民主的軟體充當權力、當社會的統治者。聯合國要作這種軟體的審查工作。

科學軟體也有民主問題！也存在普世價值裡的種種問題！如開發出能很好的應用於醫學的軟體，那軟體是人類走向文明的希望，因為能用於醫學就說明解決了仲裁的問題，仲裁就是法治，這裡「很好的」三個字發人深思，這裡有普世價值裡的思維模式。它能救世治病解決權力問題，總比人控的權力好。如何健全軟體、如何打造軟體外的司法環境是個前景，或者軟體本身就能設置顯示仲裁的結果，如顯示「不合法」。

Vpay 存在著以下問題：

1.立法執法問題，「設計軟體」如同立法，用軟體作「常務理事」來仲裁，這是在執行法律條款。這對軟體來說完會能勝任，這便是軟體與人為最大的差別。用軟體以法來仲裁，公正兩字小菜一碟，但由人來仲裁，就會貪贓枉法。立法與執法不能為一家，否則會養奸成害。這說的是執行判決結果。

2.健全軟體外面的司法環境，這就是架構問題，包括投訴平台、解決平台，要講透明度，打造一個鐵籠子。不得有人操控平台，一發現有人操控平台，輕者交出手中的權力，重者刑事處分，或重重罰款，罰到傾家蕩產。這可以設計成人操控不了的軟體來管理這個平台，不要把軟體搞得太複雜，操作要老幼皆易。

3‧要有監懲制度，一旦軟體處置不當、出錯，要有個平台處置，違章要負法律責任。不能一家說了算，更不能成為一家所開的店。這也可設計在軟體內，這是鐵籠子工程的一部分。

4‧V 民要有孫中山的五權，要解決 V 民如何能獲得五權。

5‧要以普世價值裡的內容來構建 Vpay 的司法外環境。

6‧凡是構成權力的事物，都要打造籠子，因為權力是老虎，這是歷史經驗。何為歷史？人類社會過去的史實，史實就是事實。過去的事實告訴我們，權力像老虎，老虎要吃人，吃成大惡「冤案、迫害、殺人」。用所謂的用「意識形態」吃人，那是升級吃人。

7‧科學發展到現在，產生軟體，軟體形成權力，這是一種新型的權力。是權力，必要健全制約的制度和架構，這叫「環境、環保」，叫「籠子」更為妥切。這樣的軟體替代由人操控的權力，這將給人類世界帶來光明，軟體的科學性前途似錦。但一旦與權力勾結，為權力所利用，就助紂為虐了，那就黑上加黑。我估計人類會走向更加的黑暗，這就是孟德斯鳩說的毀滅。

如果一個像 Vpay 精緻的軟體重視外環境的建構——司法環境，繼續開發下去，打造籠子，就如那位名 V 所說的那樣飛上天，必可大用，拯救世界。

如果走歪，那位名 V 是在說夢，它只能做一支拉圾股。

關於 Vpay，有位長者說了句話我不得不記錄在案，他說：「Vpay 這東西越發的獨斷孤行、不受任何的制約，成世外桃源了。」他還給我發了個轉帖——林麗蓉老師的講課《2.0Vpay 的運作/m4a》。我發現這長者說出了軟體的重要前景，「世外桃源」這個詞用得非常好，道出了軟體一個可貴的性質。軟體在執法上面沒有任何問題，它如果有不公，也是設制軟體時植下的。軟體一旦設計好，就有世外桃源的性質。軟體還有個重要的優點，在設計軟體時，因為軟體的科學性，也容易本著我經常說的「科學心」來研發，不容易帶著政治心（居心、心鬼）來設制。既使要放入不公，也朗朗在目、必曝露在眾目葵葵之下、記錄在案。

在林麗蓉老師的講課中，說到了 2.0Vpay 的九大設計，其中的一條，這軟體把每個人的信用度打了標記，這在政治上是最難做到的，這款軟體打的是「信用度」，指的是經濟信用度，即操作 Vpay 交易的信用度，不是其他阿狗阿貓度，這有額外的意義。但 V 民是否可對軟體打信用度呢？

我覺得應該給《聯合國》支一招。用健全的軟體來替代權力和司法仲裁是人類的福音。

由於我們國家沒設「機動車車道」，Vpay 橫衝直撞。民主與專制的鬥爭翻開了新的篇章，權力已在研發軟體、程序、因特網為極權服務，而民主還不曾起來應對，還不知道軟體是權力的變種。然而，種瓜的得瓜，意思是：開發軟體的民主（即開發民主的軟體）得民主，開發軟體的專制得專制。

Part **18** | 頂峰上的
哲思

頂峰上的哲思

一、自然規律能不能當人的真理

自然界只有規律、只有自然力的「道」，這道作規律解釋，不作道理解釋。自然界不講對錯，一切都是真。

自然界講規律，人要講理、講誠信。請注意，這裡有個「要」字，如沒有這個「要」字，這就講的是真相，人的現實首先要講真相，其次，在事實的基礎上論理。這是什麼道理呢？因為人是向著應然的。論理性、論真理、論文明、論道德、論上帝都是人心向著應然的結果。也只有人會玩「誠與詐」。我們不必再追究原因「為什麼」了，追究下去只會令人更加困惑。

不必追究為什麼，不等於講不出為什麼，這裡的原因是大自然與人有著根本的不同。只要記住自然界講的是規律，人要講理。

我認為講理不是講不清楚的，而是講得清楚的，但人的表現依舊……此話怎講？有一位法國哲人勒龐說，人是個群體動物，這個世界裡事是群體決定的。

　　我們人犯了一個智力上的大錯誤，這將引出人的一個重要盲點；我們往往把自然規律當成我們的真理，指導我們人的行動。表面上看是自然規律能不能當人的真理問題，實際上錯在我們把人世界裡的規律當作了大自然的規律；又把大自然的規律當成了人的真理與原則──這是我們人的智力盲點，我們不曾思考過這一點。

　　人的世界裡的規律和大自然的規律不同的，我們錯就錯在把這兩種規律等同了起來。這個不同點必須說一說：因為這涉及到能不能把人社會裡的「自然規律」作為真理。二戰時，希特勒就把叢林規則當真理。如在人的世界裡實行叢林規則──弱肉強食；少數服從多數；槍桿子出政權，這些自然規律當人的世界裡的原則、真理，這世界就會變得十分罪惡……

　　我要對這個世界吼一聲，自然規律不是我們的理，把自然規律當真理的用意在把我們人間的「自然規律」當真理，這個邏輯是錯誤的。

　　我為什麼要大吼一聲呢，因為我們人與大自然是不同的，從而人的「自然規律」與大自然的自然規律也是不同的；大自然是死的，沒有心機、沒有誠與詐。這會造成我們把人世界中的有原罪所造成的規律當自然規律、並從中找到了達到成功的辦法，當守則、當原則、當真理。這「自然規律」、這「原則」、這「守則」似是而非，會給人類帶來很大的困擾、很大的災難。

　　再說自然規律本身講的不是真理。人追求應然，人心向著應然，應然就是應該、理當、理應、理性、天良。這真理、這

善良、這正義、這公正、這公平、這自由……都屬應然範疇的，這應然是參考人性以及人的世界裡的種種表現得出來的，是人類智力的體現。「應然」構成了人類的人文、文明。所以人的「道」要講應該不應該，即應然不應然。

二、感覺是人類思考文明之源

人的感覺最複雜、也最豐富、最高級。這是人類思考文明之源。

所謂的活與死、所謂的生命，就是有感覺和無感覺，生命中最重要的是感覺。我們所有人的感覺是一樣的，對每個人來說，痛苦就是痛苦、幸福就是幸福；就像鹽是鹹的、糖是甜的。

偉大的孔子幫我們這個複雜的人世界，思考出了一條真理──「己所不欲、勿施於人」。這是人類要遵守的最低的（起碼的）也是人類最高的一條守則。它將給我們每個人最大的自由和天賦權利。這也是衡量對錯的標準。

我們這世界裡有兩種真理：一種是把「人的自然規律」當真理，這種「真理」後患無窮。它將造成假話滿天飛和權力的腐敗。人的世界之所以不能大踏步的文明就是因為權力在作怪，權力這個萬惡之源──利用人的原罪威逼利誘、利用各種似是而非的理論來愚化人民、製造「冤案、迫害、殺人」，讓老百姓害怕，聽話、服從，然後奴役。這些都是「人的自然規

律」的後果，凡能使人民服從的「道」，都成了成功的規律。大秦的殘暴統治就出於「這種人的自然規律」，對大秦的殘暴統治出了汗馬功勞的是管仲、商鞅、李斯。我建議你們大家看看《楚漢傳奇》這部電視劇所揭露的大秦社會，這是人類早期社會的模板。

人類站在生物生物鏈的制高點，而權力站在人類生存鏈的制高點，這就是現實、這就是人類的政治科學真相，這就是「人的自然規律」（政治只是權力所幹的業務的別名）。要問這現像有什麼好壞對錯，只有去問上帝。去問上帝為什麼讓人站在生物鏈的頂端，也就知道了為什麼讓權力站在人類的頂端。既然站在生物鏈的頂端就要擔當向文明引領的責任。

只有一個答案，那就是上帝要人類改造自己，不要毀滅自己美好的家園。

三、每個東西到了人的手裡都可好壞

每一群人都有好人壞人，每個階級都有好人壞人。甚至每個道理在人的手裡都可用好用壞。最科學的是以事實為準，人的好壞是事實的好壞確定的，事實就是現行、就是胡適說的實在。應該這樣說：現行好、人品好，現行壞、人品壞。

行業對人的品行的影響很大，為什麼說「無商不奸」？為什麼說「好男不當兵」？為什麼蔣介石曾向國民大會提議自己退出，欲讓胡適去競選總統，而胡適卻不肯去選總統？因為「好人不行政」。

　　行商還不是養奸的行當，權力才是養奸的行當。沒制約的權力是天下最大的強盜、天下最惡的劊子手、天下最淫的採花賊。幹權力這一行當的人不是高人一等，而是低人一等，這是因為幹權力（統治）行當的原故。權力本身更容易幹壞事，權力有它的基本物象，有其特強的腐蝕力，能經得住權力腐蝕的人這世上沒幾個。所以愛因斯坦說「天才的領袖都是無賴」，這是一個偉大的物理科學家思考的結論。

　　幹權力（統治）行當的人，在情商上、在為人世故上、在某些能力上是有點傑出，如會講話、圓滑，是比一般人高，可用「人精」來稱呼。人精不是君子、更不是思想品德高貴的聖人，能對抗這種「自然規律」的只有知識、人的智力。我們不但把偉大的科學家愛因斯坦的話當耳邊風，還跟著那些凡夫夫俗子把搞權力的領袖、首長崇拜成神，把最偉大的詞來飼奉他們，還要他們萬歲、萬歲、萬萬歲。權力成功人士最吃香，這是人間最不正常的現象。

　　建議大家閱讀一下戈巴契夫的回憶錄《真相與自白》吧，這本書把權力場上的這群人描述得淋漓盡致。

　　不要把幹權力行當的人的人品看得高人一等。

四、這是人類的宿命

　　正不一定能壓邪，正義的力量只有唯一的來源，那就是人類的心向著應然。人追求應然，反而被應然所困。正義不能以暴治暴；不能以罪惡的手段來對付邪惡；所以「道長一

尺、魔高一丈」。邪惡的力量可利用人的原罪，利用一切成功的手段。什麼是原罪？人的原罪出自感覺，出自莎翁道出的真相「明哲保身、趨利避害」。痛苦成了人的軟肋、成了邪惡可利用的力量；幸福成了誘惑。邪惡可用的手段很多，這將使邪惡強大。

五、藉口有理？

發現所有的道理都可用來作壞事的辯解、藉口、理由。道理與辯解、藉口、理由只隔著一層紙，這一層紙就是誠與詐，也就是老子說的「常無慾與常有慾」，並預言人類會「玄之又玄、眾玄之門」。也就是說，每個道理都可用得不正當，只要一個道理用偏了，就成了歪用。權力經常這樣做。我們很是粗心大意，這裡必須細細鑑別。邪惡勢力一般手法都是正中有歪、歪中有正，這需要我們特別的細心甄別，分析哲學教了我們一招，要我們弄清楚「所指什麼」，即「實在是什麼」（胡適語）。

六、語言腐敗──假話

我們這個社會裡假貨、假名、假理由滿天飛，我們不僅要在經濟上打假，更要在政治上打假。要打假到外交新聞發佈會上，那裡的假太多太多。打假要成為我們社會的重中之重。不打假我們社會道德就不會好起來。

　　北大有許多教授把索忍尼辛說的「說謊」講成「語言腐敗」，我不知道哪種說法更深刻點。索忍尼辛的那段話更能說明問題，語言腐敗是因為心已腐敗。說成語言腐敗最好還要說清楚語言有哪幾種腐敗的表情，為什麼語言會腐敗，這是哲學當仁不讓的任務。因為我們人的語言大興得很：語言有語害、概念有陷阱、道理可歪用（見《論概念》篇，以及《應然與實然》篇），這表現的「應然的概念、實然的事實」現象。

　　北大的幾名教授說的「語言腐敗」是從心腐敗出來的，我們必須認識到這一點。

　　索忍尼辛說的原話是：「我們知道他們在說謊，他們也知道他們在說謊；他們知道我們知道他們在說謊，我們也知道他們知道我們知道他們在說謊，但是他們依然在說謊。」更簡單、更惟妙惟肖，十分傳神。

　　假話為什麼這麼流行？因為有群體會附會，有人會聽唄。有誰會聽？缺知少識的人會聽，人這種物種最可悲的是這種人太多。

　　所以，要懂得語言學、概念學。哲學也要有「歐基米德幾何定律」。為什麼數理化要成熟得多？因為它們已有定律與公式。這要靠學校教育，教育要同步。

　　沒有公式可以自成一派建立公式。一個比封建皇權更邪惡、靠說假話生存的極權誕生了，一個拜功利主義為師的馬克思主義誕生了，一這個主義已把世界拖進了黑洞裡，拖開極權裡，拖進了老子所說的「玄之又玄、眾玄之門」裡。

七、真善美

很早，人類就找到了真理，這就是「真善美」。我們人得而復失。我們只注意後面「善美」這兩個字，看起來「真善美」和對錯是非似乎無關，它只是衡量藝術的標準，其實這「真」字比「善美」還重要。

人生「四大皆空」，但身後這人的世界就不存在？要留只留故事，留下義（丹心）照汗青，這義就是「真善美」。

這真善美不只是藝術的標準，也是衡量社會中一切事實的標準，留下的故事是抹不掉的，這故事有個人的和社會的，它們終將由最高的標準「真善美」來評判。只要不真、不善、不美，都是人類要不得的。權力那個說假弄假不知有多無恥、多醜惡。

我們這權力真嗎、善嗎、美嗎？毛澤東真嗎、善嗎、美嗎？這一問就什麼都清楚了。熱衷於「絕對權力」（老搞個人崇拜）和真善美絕對不會兼得；在權力場上偷雞摸狗的和真善美絕對不能兼得；在人民大會堂裡對公開官員個人財產投反對票的人民代表和真善美絕對不會兼得。

未來，也許人們會將「偉大的領袖」釘在十字架上，去經歷永無休止的歷史評判，直到「萬箭穿中了心」，才算是得到了應有的評價。

對權力，要以不真、不善、不美來衡量。用這標準一衡量，無需多說，我們心裡便什麼都清楚了。

八、科技的負面

民主與專制的鬥爭翻開了新的篇章，權力已在研發軟體、程序、因特網正在為極權服務，而民主還不曾想起來應對，還不知道軟體是權力的變種，人民還沒有去研發獨立不依靠權力生存的軟體。

然而，種瓜的得瓜、種豆的得豆，意思是：開發軟體的民主（即開發民主的軟體）得民主，開發軟體的專制得專制。這裡我再發一個預警：軟體科技正在形成人們的另一個極權，我們將面對另外一場生死戰。

這是人類的民主戰勝專制的最後一次機會。

九、性相近習相遠

人類的最大問題，也就是孔子說的「性相近習相遠」的問題。這個問題不在唯物還是唯心，不在信馬還是信牛，不在信伊斯蘭教還是信基督教，不在代表無產階級還是資產階級，不在信共產主義還是資本主義。而在人這一物種，這一物種產生了社會、權力、國家：權力產生萬惡，這萬惡躲在詐與誠裡，索忍尼辛的話——「我們知道他們在說謊，他們也知道他們在說謊，他們知道我們知道他們在說謊，我們也知道他們知道我們知道他們在說謊，但是他們依然在說謊。」

把躲在誠與詐後面的他們捉了出來，這是當今人類的涅槃（編按：佛教教義認為涅槃是將世間所有一切法的自己體性盡

滅的狀態，所以涅槃中永遠沒有生命中的煩惱痛苦與輪迴⋯⋯
是徹底解放了。）為什麼要把這個問題說成能涅槃呢？首先人
類產生了語言、概念和道理，這些工具看起來挺高級的，在人
性的手裡都大興得很，語言有語害、概念有陷阱、道理可有
種種的歪用；人類又產生了國家、權力、社會這種鳥事，它們
狼狽為奸，語言、概念、道理也就成了：既是人類的福，又
是人類的禍。它們可隨心錄用來打扮實在。前面所說的唯物唯
心、信馬信牛⋯⋯就是它們搞亂出來的。而問題的根子在誠與
詐──說謊話，找理由，打扮實在。

國家圖書館出版品預行編目資料

以哲學思維來了解世界，邵真著 -- 初版 -- 新北市：
新視野 New Vision, 2019. 09
　　面；　公分 --（view; 5）
　　ISBN 978-986-97840-8-5（平裝）

1. 哲學　2. 文集

107　　　　　　　　　　　　　　　108011227

View 05

以哲學思維來了解世界

作　　者　邵真
授　　權　邵真
出　　版　新視野 New Vision
製　　作　新潮社文化事業有限公司
　　　　　電話 02-8666-5711
　　　　　傳真 02-8666-5833
　　　　　E-mail：service@xcsbook.com.tw

印前作業　菩薩蠻數位文化有限公司
印刷作業　福霖印刷有限公司

總 經 銷　聯合發行股份有限公司
　　　　　新北市新店區寶橋路 235 巷 6 弄 6 號 2F
　　　　　電話 02-2917-8022
　　　　　傳真 02-2915-6275

初　　版　2019 年 9 月